目录

第一章
寒门贵子

第二章
水木清华

第三章

十年留德

第四章
回归故土

第五章
高山仰止，景行行止

第一章 寒门贵子

清朝遗少

季羡林出生于1911年8月6日。就在他出生后的两个月零四天，辛亥革命爆发，推翻了清朝政府，末代皇帝溥仪从宝座上被请了下来，延续了两千多年的封建王朝，在中国这块土地上，从此一去不复返了。中国进入了一个崭新的时代，即民国时代。但是，新的时代并没有新的气象。皇威犹存，旧习未除，似乎是大清帝国的继续。正如鲁迅所说的："貌虽如此，内骨子是依旧的。"这是中国近代史上最混乱、最黑暗的新旧交替时代，但是，也是思想界最为活跃和人才辈出的时代。由于季羡林的生日多少与"大清王朝"沾了一点边儿，所以他常常戏称自己是"清朝遗少"。

季羡林的家乡是山东省清平县（现属临清市）康庄镇官庄。季羡林就出生在官庄一个贫穷的农民家庭。

临清地处鲁西北平原，京杭大运河由此穿过。由于盐碱地多，土地贫瘠，更兼降雨集中在夏季，常发生春旱夏涝，农作物产量较低，丰年难以果腹，灾年则颗粒无收，所以临清是山东的贫困地区之一。农作物主要以小麦、玉米、棉花为主，也产大枣、柿子。此外，临清的大蒜个儿大味儿好，颇有名气。

临清有悠久的历史，西汉初年，即以清渊之名建县。后赵建平元年（公元前6年），由于地倚清河（卫河古称）而更名为临清。至明代升格为临清州，属东昌府。后又恢复为临清县。1984年撤县改市，称临清市。

在过去两千多年的漫长历史中，临清曾经是一个繁荣的城市。隋代开通京杭大运河之后，临清是运河上的一个大码头，几百年中，商贾云集，百业兴隆，歌楼舞馆，鳞次栉比，是很阔过一阵子的。几代皇帝南巡，都曾经过临清，在史书上都有记载。据季羡林考证：英国学者亨利·裕尔（Henry Yule）的名著*Cathay and the Way thither*（《东域纪程录丛》）中，就有关于临清的记述。

这是天主教神父鄂多瑞克（Odoric）旅行记中的一段记载，时间是1316年至1330年，是在中国的元朝。原文是：

> 离开了那座城市Manzu（扬州？明州？镇江？），沿淡水运河走了八天以后，我来到了一座城市，叫做Tenyin。它位于一条叫做Caramoran河的岸上，这一条河流经中国的正中，一旦决口，为害甚剧，正如Fenara的Po河。
>
> ——《故乡行》

季羡林认为："根据鄂多瑞克航行的时间，再根据此城（Tenyin）的地望，此城必是临清无疑。"至于鄂多瑞克为什么在旅行记中给临清记上一笔，只能推想，元代的临清必定已经贸易兴隆，文化昌明，成为大运河沿岸的一个重要城市了。

临清在历史上也曾是人文荟萃之地。著名的舍利宝塔，与杭州的六和塔遥遥相对，成为临清的著名景观。明清两代文人墨客多有题咏者。明代万历年间州人柳佐建永寿寺，规模宏伟。据乾隆十四年（1749年）《临清州志》，清李基和有《清渊十景诗》，可见其时临清人文景观的盛况。其他如鳌头矶、钞关、清真寺等，都是著名的文化古迹。

可是，随着大运河北段逐渐干涸，特别是津浦铁路通车以后，陆路交通代替了水上航运，沧海变成了桑田，临清昔日的辉煌逐渐成了历史陈迹，慢慢衰败下来，最终成了一个无名的小县城。但是，文化是件古怪的东西，它并没有随着经济的衰败而衰败。它的流风余韵仍然长久地盘桓在临清这块古老的土地上。至今，这块齐鲁故土，孔孟故乡，依然民风淳朴，凝聚着厚重的传统文化气息。

然而，正如季羡林常说的："三十年河东，三十年河西。"谁料想，近年来京九铁路修通，临清为车站之一。如今临清借京九线通车的东风，又开始大兴土木，渐渐繁荣起来。

临清古代曾经出过几位文臣武将，但都不甚有名。近代名人中，名副其实的临清人，大约要算抗日将军张自忠了，他是临清人的骄傲。

今天，临清又出了一位闻名全国的大学者季羡林，据说家乡人早就打算把他的名字修进县志里，恐怕是进入艺文志之类的吧。不过按老规矩，活着的人是不进县志的，不知道老家的人有没有按老规矩办事。但是，不管进没进县志，如今季羡林的名字在临清早已经家喻户晓，成为临清人的又一骄傲。

按照季羡林的说法，在他出生的年代，全国的经济形势是南方富而山东（也包括北方的其他省份）穷，专就山东而论，是东部富而西部穷。他的家乡清平县在山东西部，是最穷的县。官庄则是县里最穷的村，而他的家在全村中又是最穷的家。

简而言之，季羡林出生在一个穷得不能再穷的家庭。

官庄距临清县城40里地，是鲁西北平原上一个贫困僻远的小村。官庄笼罩在一片黄色之中。黄色的土路，黄色的土坯房，黄土抹的房顶，甚至连天空也是黄的。村子中央有一个大坑，夏天雨后，坑里积满了雨水，孩子们就在这黄泥汤里游泳戏水。全村唯一的一点绿色，是村南打麦场边的几棵大杨树。只有当阳光照射在树身上，绿色的树叶映出点点光亮，微风吹过，树叶发出沙沙的响声时，才给这个单调、沉闷的小村庄带来一丝生气。

季羡林在回忆中说，也曾经看见过一点红色，那就是新娘子脸上抹的胭脂，还有枣树叶子落尽以后，挂在干枝上的几个红枣。除此而外，故乡在他头脑中留下的印象，便是“一片灰黄”。季羡林的家在村子南面，离村子还有一段距离，实际是在村外，这里是村里穷人住的地方。他家住三间破旧的土坯房，房前有个小院子。院子里有两棵高过房顶的大杏树，结的是酸杏，可还是常常有人来偷摘杏吃。有一次，同村的一个男孩，爬上房顶偷杏，不慎跌下来，摔断了腿。院前门旁还有一棵花椒树。除此而外，院子里就什么也没有了，空空荡荡的。

季羡林的祖父母早亡，他从未见过他们，因此也就从未尝过祖父母之爱。祖父母留下三个儿子，季羡林的父亲排行老大，他还有两个叔叔。小的一个叔叔过继给了外姓人，改姓刁，从此与季家脱离了关系，父亲和另一个叔叔相依为命。他们俩上无怙恃，孤苦伶仃，寄人篱下，一贫如洗，甚至连一餐饱饭也没有吃过。

饿得没有办法的时候，兄弟俩就到村南枣树林子里去，捡食掉在地上的烂枣，聊以果腹。后来，乡下实在待不下去了，待下去也是死路一条，兄弟俩商量后，决定去大城市闯荡一番，去找一条活路。离官庄最近的大城市便是山东省首府济南。于是，兄弟俩就来到了济南。两个毛头小伙子，在人口稠密的济南，拉过洋车，扛过大包，当过警察。他们俩究竟碰到过多少困难，遭遇过多少挫折，谁也不知道。

后来，叔叔在济南终于找到了工作，立定了脚跟。兄弟俩又商量，决定弟弟留在济南挣钱，哥哥回乡务农。季羡林的叔叔希望有朝一日，混出点名堂来，即使不能衣锦还乡，也得让人另眼相看，为老季家争一口气。

于是，季羡林的父亲便从济南回到了老家官庄，耕种祖父留下的几分薄地，以维持生计。就在父亲从济南回到官庄种地的这段时间，1911年8月6日，这个贫穷农民的家庭里，终于有了一丝欢乐的气氛——一个小生命降生了！季羡林呱呱落地，来到了人间。

关于季羡林的生日，这里顺便作一点说明。几十年来，大家都知道季羡林的生日是8月6日。每逢这一天，他的亲朋好友，学生晚辈，各级领导，甚至外国大使，都会向他祝寿，这已经成了惯例。可是，2001年8月，聊城和临清市的党政领导邀请他回故乡，庆祝他的90岁生日。在祝寿大会后，他在写《故乡行》一文时，却写了下面一段文字，“八月六日——我在这里顺便说明一件事情：我的生日从旧历折合成公历是八月二日。由于一次偶然的笔误，改成了六日，让我少活了四天——算是我的生日”。

这个“顺便说明”，颇让大家吃了一惊，实际上季羡林也并未因此“笔误”少活四天，只不过是开个玩笑罢了。这件事也算得季羡林生平中的一件趣闻。不过，这么多年来，他对自己生辰的讹误，听之任之，将错就错，不置一词，也颇耐人寻味。

季羡林的母亲也是穷苦人家的女儿，娘家姓赵，就在离官庄5里的一个村子里。因为家里穷，没钱上学，不识字，活了一辈子，连个名字都没有。季羡林6岁以前，同母亲朝夕相处、相依为命，母子之间的感情至厚至深，至博至大。季羡林每每念及母亲时，仍然忍不住老泪纵横，不能自已。

季羡林幼年时和母亲形影不离，总是整天缠着母亲，母亲走到哪里，他就跟到哪里。有时候，在做午饭前，母亲到地里去摘绿豆荚，好把豆粒剥出来，拿回家去做午饭。季羡林便跟着母亲到地里去。这时候正接近中午，天高云淡，蝉声四起，蝈蝈儿也爬上高枝，纵声歌唱，空气中飘浮着一股淡淡的草香和泥土的香味。

在绿豆地里，季羡林像一只小羚羊一样，在母亲身后跑来跑去；又像百灵鸟一样，不停地问这问那。他捉到一只蚱蜢，要拿给母亲看一看。棒子上长了乌霉，他觉得奇怪，一定要问母亲这是为什么。母亲总是一边摘着豆荚一边耐心地回答他的问题，还时不时地停下来，看着心爱的儿子，打心眼儿里感到高兴，脸上也会露出难得的笑容。有时，他和母亲比赛谁摘豆荚快。尽管他全神贯注，使出全身力气去摘豆荚，想超过母亲，结果他还没摘到半筐，母亲的筐已经满了。

失望之余，他细心观察，发现这里面也并没有什么奥秘，关键就在母亲那一双长满老茧的手上。从那以后，母亲那双长满老茧的手，就在他心里占据了重要位置，留下了不可磨灭的印象，只要一想到母亲，那双长满老茧的手便浮现在眼前。

季羡林的童年是在怎样的境遇中度过的呢？他在《我的童年》一文中曾经这样写道：

> 在我记事儿的时候，我们家已经穷到了可观的程度。一年大概只能吃一两次“白的”（指白面），吃得最多的是红高粱饼子，棒子面饼子也成为珍品。我在春天或夏天，割了青草，或劈了高粱叶子，背到二大爷家里，喂他的老黄牛。赖在那里不走，等着吃一顿棒子面饼子，打一顿牙祭。夏天和秋天，对门宁大婶和宁大姑总带我去外村的田地里去拾麦子和豆子。把拾到的可怜兮兮的一把麦子和豆子交给母亲。不知道积攒多少次，才能勉强打出一点麦粒，磨成面，吃上一顿“白的”。我当然觉得如吃龙肝凤髓。但是，我从来不记得母亲吃过一口。她只是坐在那里，瞅着我吃。眼里好像有点潮湿。

有一年夏天，季羡林拣到一小篮麦穗，高兴地递给了母亲。母亲把麦穗磨成面粉，贴了一锅死面饼子。季羡林越吃越想吃，吃完饭以后，他又偷了一块吃，让母亲看到了，追着要打他。季羡林当时浑身一丝不挂，连忙逃到房后，往水坑里一跳。母亲没有法子来捉他，只好站在水坑边上，看着他站在水里，把剩下的白面饼子津津有味地吃完。最后，母亲也笑了。

季羡林童年时要好的伙伴有两个：一个叫哑巴小（意思是哑巴的儿子），另一个叫杨狗。这都是小名，大名不知道。三个人天天在一起玩，浮水，打枣，捉知了，摸虾，不见不散，从不间断。后来听说哑巴小当了绿林好汉，被官府捉住，十冬腊月，赤身裸体，浇上凉水，被捆起来，倒挂一夜，也没求饶，最后被杀掉了。季羡林每当想到这个从小一起光着屁股玩耍的小伙伴，竟如此硬气，成为这样的“英雄”，“就颇有骄傲之意”。杨狗则在官庄做了一辈子羊倌，到死也是一个目不识丁、老实巴交的农民。

命运转折

季羡林家徒四壁，穷得连饭都吃不饱，自然不可能去私塾念书。当时，他的家中没有一本书，甚至连个带字儿的纸条都没见过。季羡林出生在这样的家庭，如果不是出现非常的机遇，大约他至今仍然是个农民，就像他儿时的伙伴杨狗一样，在村里当个羊倌、猪倌什么的，了此一生。季羡林自己也常常这样说。但是，世事难料，人生变幻莫测。

季羡林6岁时，幸运之神突然向他伸出了召唤的手，幼小的季羡林时来运转了。转瞬间，他的人生道路竟发生了天翻地覆的变化。

事情是这样的。官庄的季家原来是一个大家族，父亲一辈中，大排行兄弟就有十一人。其中六个因为家贫，下了关东，从此杳无音信。留下的五个，一个送了人，自然也与季家无缘了。余下的四个，只有季羡林的大大爷有一个儿子，但不幸早亡；而留在济南的叔叔又没有子嗣，只有一个女儿。这样一来，季羡林就成了整个季氏家族中唯一的男孩子。

在当时，他当然就成了给季家续香火、光门楣的唯一指望。为此，叔叔与父亲经过反复的商议、筹划，终于共下决心：为了光宗耀祖，为了给季家争气，无论如何也要把季家的这根独苗苗培养成人。恰好，此时叔叔在济南谋得了一个职务，有了稳定的收入。于是，把小羡林从官庄带出去，送到济南去培养，自然就成了兄弟俩当时的唯一选择。

父辈们的这个决定，对于季羡林来说，无疑是他一生中最重要的一个转折点。这个决定，改变了他一生的命运。

1917年春节前夕，父亲把当时只有6岁的季羡林送到济南叔叔家。从此，季羡林便离开了父亲、母亲，告别了故乡和儿时的伙伴，结束了农村生活，开始了一个全新的然而却是寄人篱下的生活。

6年的童年生活结束了。这是一个普通的中国农家孩子的童年生活。对一般人来说，这也许没有太多的意义，但是，对于一个将要成为一代学术大师的人来说，特别是一个人文社会科学大师来说，童年时期的蒙学却具有非同寻常的意义。因为人文社会学者不同于作家，他需要长期积累知识，包括中外文化知识，只有在掌握了前人创造的知识的基础上，融会贯通，然后才能有所发现，有所创造。而要打好这样的文化基础，一般是需要从童年时代开始的。

作家则不同，他主要靠生活的积累和创作灵感。事实上，古今中外的著名作家，没有几个是科举考试的佼佼者，或者大学中文系科班出身的。纵观20世纪中国学坛大师的情况，就不难发现这样一个事实：像季羡林这样，6岁以前还在地里拾麦穗，割草喂牛，与文字无缘的人，日后能成为学术大师的，不能说绝无仅有，也是寥若晨星的。

例如，比季羡林大30岁的鲁迅先生，虽然幼年时家道中落，“从小康而坠入困顿”，却仍然能够在“三味书屋”中得到寿镜吾老先生的开蒙教育。又如，比季羡林大20岁的胡适先生，从小就能受到父亲的严格教育，不满3岁便认识了700多字，3岁多就进了正式的学堂读书。因为个头太小，还需要别人抱上高凳子坐着，才能听老师讲课。三四岁的胡适，便已经开始诵读“四书五经”等儒家经典著作了。再如，比季羡林小1岁的钱锺书先生，出身于无锡有名的书香世家，4岁识字，5岁入私塾读《毛诗》，每天上学都由家中派人接送。诸如此类，不胜枚举。

相比之下，季羡林的“蒙学”却等于零。说实在的，像季羡林这样家庭出身的人，若无特殊的机遇和过人的聪慧与勤奋，要想日后在中国学坛独树一帜，并且成为世界知名的学者，几乎是不可能的。季羡林常说："我少无大志，从来没有想到做什么学者。"有人以为这是他的谦逊之辞，其实是误会了，这完全是他发自肺腑的实话实说。

当时，季羡林到了济南，开始上学读书，他"唯一的目的和希望就是——用当时流行的口头语来说——能抢到一个饭碗"，而不是做什么学者。他的家庭也从来没有期望他成为学者。季羡林做学者的"志向"并非从小所立，亦非家庭所希冀，而是"水涨船高"，一步一步地逐渐树立起来的。这就是季羡林迥异于其他学者之处。

虽然季羡林失去了童年时代最宝贵的学习机会，也没有受过书香门第、家学渊源的影响和熏陶，但是，所谓"坏事也能变成好事"，艰辛苦难的童年生活，赋予了他顽强、勤奋、坚忍不拔的毅力和锲而不舍、百折不挠的性格，这是他虽"先天不足"，然而仍能取得成功的重要原因。

短短六年艰苦的童年生活，对他后来人格的形成以及在学术上获得巨大成就，有着重要的影响。他曾经在《我的童年》一文中，这样评价过童年生活对自己的影响："（童年生活）使我终生受用不尽。它有时候能激励我前进，有时候能鼓舞我振作。我一直到今天对日常生活要求不高，对吃喝从不计较，难道同我小时候的这些经历没有关系吗？"

寄人篱下

1917年初春，北方大地春寒料峭。在阵阵扑面的寒风中，父亲带着6岁的季羡林，骑着毛驴，踏着地上的残雪，从鲁西北的官庄，一步步走到了济南。走这段路，究竟花了多少时间？两天？三天？不知道。但这肯定是季羡林一生中最重要的一段路程。这次长途跋涉，改变了他一生的命运。“当时只道是寻常，回头看，却原来，地覆天翻”。

到了济南，展现在幼年季羡林眼前的是一个崭新的世界。这儿的一切，都使这个一直生长在农村的孩子又惊又喜，大睁着双眼，左瞧右看。不必说那些鳞次栉比的商店、各式各样的景观，也不必说车水马龙的街巷、来往穿梭的人流，无不使他目不暇接，喜出望外，单是那巉岩嶙峋、险峻雄伟的“千佛山”，就让这个少年大吃一惊，大开眼界。因为他从小生活在北方大平原的黄土地上，从未见过山，更不用说如此奇特的大山了。他“原来以为山只不过是一个个巨大无比的石头柱子”。眼前的一切，使这个6岁的孩子既兴奋、又好奇，从而对未来充满幻想。

济南虽然比官庄好，但是让他伤心的是离开了亲爱的母亲。他初到济南时，常常在梦中梦到母亲，然后从梦中哭着醒来。尽管这时不但能吃上白面馒头，还能吃上肉，但是他宁愿再啃红高粱饼子吃咸菜，也要回到母亲身边。这种愿望当然只是一个幻想，他毫无办法，久而久之也就习惯了，但是对母亲的想念一天也没有停止过。

这里应该介绍一下他的叔父，这个改变了他一生命运的人。1993年，季羡林在《我的心是一面镜子》一文中，曾经这样描述过他的叔父：

> 叔父是一个非常有天才的人。他并没有受过什么正规教育。在颠沛流离中，完全靠自学，获得了知识和本领。他能作诗，能填词，能写字，能刻图章。中国古书也读了不少。按照他的出身，他无论如何也不应该对宋明理学发生兴趣；然而他竟然发生了兴趣，而且还极为浓烈，非同一般。这件事我

至今大惑不解。我每看到他正襟危坐，威仪俨然，在读《皇清经解》一类十分枯燥的书时，我都觉得滑稽可笑。

一个对宋明理学如此热衷的人，当然是坚守“三纲六纪”“夷夏之辨”“中学为体，西学为用”一类传统思想的人。一个有趣的例子最能说明叔父的思想。季羡林刚到济南时，曾上过一年私塾。老师是一个白胡子老头，面色严峻，令人生畏。每天入学，先向孔子牌位行礼，然后才是“赵钱孙李”。后来，叔叔把他送进了一所新式的小学校——济南一师附小。当时五四运动已波及山东。

一师校长是个新派人物，他率先在自己的学校采用了白话文的教科书。国文教科书中有一篇寓言，名字叫作《阿拉伯的骆驼》。故事讲的是：为人做事不应该“得寸进尺”，否则便会灾难临头，当时在世界上是一篇流行的课文。碰巧，课本被叔父看到了。他勃然变色，大声喊道：“骆驼怎么能说话呀！这简直是胡闹，赶快转学！”于是，季羡林便转到了新育小学。新育小学最初是用文言文教学，后来，随着时代的潮流也改成用白话文教学了。不但骆驼能说话，连乌龟、蛤蟆都会说话。叔父也没有办法，只好置之不理了。

但是，在家里还是叔父说了算。叔父对季羡林的期望极大，要求极严，因为他的一切希望都寄托在季家这根独苗身上。叔父虽然思想守旧，却是个既明白事理又务实的人，而且颇具远见卓识。在季羡林上高小时，他便出钱让侄子课余去学英语。时间虽然不长，只不过学了一点语法和一些单词，可这短期的英语启蒙，不但引发了季羡林学习外语的兴趣，使他终身受益；而且在考中学时也沾了光，因为他要考的“正谊中学”居然要考英语。出的题目是：“我新得了一本书，已经读了几页，可是有些字我不认识。”季羡林把这句话翻译出来了，结果被录取。考上的不是初中一年级，而是一年半级，算是沾了半年的光。这自然使叔父大为高兴。

于是，他决定，侄子在整个中学期间，都要在课余学习英语。不但要学英语，还要学古文。叔父让季羡林再参加一个古文学习班，读《左传》《战国策》《史记》等书。参加两个学习班，自然要给老师报酬，增加了叔父的经济负担，但叔父不在乎花这些钱，因为他决心要把侄子培养成一个有出息的人。就这样，季羡林从初中一年级开始，每天从学校下课之后，就先去古文学习班读古文，晚饭后，再到“尚实英文学社”去学英文，一直要到晚上十点才能回家。这样的日子，大概坚持了八年。

即使如此，叔父仍恐对侄子的教育不够周全，竟自己编选了一本《课侄选文》，亲自给侄子讲课。选文的内容大多是一些讲理学的文章。今天的教育家们看到这里，必定会大呼：非“减负”不可了！对此，季羡林却说：“我当时并没有感到什么负担；但也不了解其深远意义，依然顽皮如故，摸鱼钓虾而已。现在回想起来，我今天这一点不管多么单薄的基础不是那时打下的吗？”

叔父对季羡林虽然严厉，却也不乏慈蔼。这从下面关于兔子的一件小事，便可以看出来：

> 也不记得是几年以后了，总之是在秋天，叔父从望口山回家来，仆人挑了一担东西。上面用蒲包装的有名的肥桃，下面有一个木笼。我正怀疑木笼里会装些什么东西，仆人已经把木笼举到了我的眼前了——战栗似的颤动的嘴，透亮的长长的耳朵，红亮的宝石似的眼睛……这不正是我梦寐渴求的兔子吗？记得他临到望口山去的时候，我曾向他说过，要他带几个兔子回来。当时也不过随意一说，现在居然真带来了。这仿佛把我拉回了故乡里去。我是怎样的狂喜呢？
>
> ——《兔子》

叔父对季羡林的影响极大，无论是在做人还是在做学问上。叔父的严格教育，使他从小受到传统的儒家思想影响，养成了勤奋学习的习惯，并且坚持终生，这是日后他在学术上能够获得巨大成功的重要根基。叔父在季羡林的青少年时代，创造各种条件，为他打下坚实的文化知识基础，这是他后来能够顺利考入清华大学，继而留洋，终于成为一位举世瞩目的大学者的先决条件。季羡林对叔父尽职尽责的培育之恩，永远铭记在心，永远感激不尽。

他（叔父）严而慈，对我影响极大。我今天勉强学习了一些东西，都出于他之赐，我永远不会忘掉。

——《季羡林自传》

叔父虽然“严而慈”，却是一个脾气十分暴躁的人，更兼婶母偏爱自己的女儿，对侄子另眼相待，这种寄人篱下的生活，对一个少年来说，是不会留下太多愉快回忆的。这样的家庭环境，对季羡林性格的形成有着重要的影响。关于这方面的情况，几十年来，他只字未题，外人更无从知晓。

2001年，90岁的季羡林在一篇题为《一条老狗》的散文中，在回忆母亲的时候，对他童年生活中鲜为人知的一面，偶尔提及，写下了如下一段话，让我们对他当时的真实处境，多少有了一些了解：

从此，我就过上了寄人篱下的生活。我不能说，叔父和婶母不喜欢我，但是，我唯一被喜欢的资格就是，我是一个男孩。不是亲生的孩子同自己亲生的孩子感情必然有所不同，这是人之常情，用不着掩饰，更用不着美化。我在感情方面不是一个麻木的人，一些细微末节，我体会极深。常言道：没娘的孩子最痛苦。我虽有娘，却似无娘，这痛苦我感受得极深。我是多么想念我故乡里的娘呀！然而，天地间除了母亲一个人外有谁真能了解我的心情我的痛苦呢？因此，我半夜醒来一个人偷偷地在被窝里吞声饮泣的情况越来越多了。

也许，正因为这样的处境，使本来天真活泼，在小学时还经常同男孩子打架的季羡林变得拘谨了，循规蹈矩了，内向了。内心痛苦的时候，无处倾诉，只能“一个人偷偷地在被窝里吞声饮泣”。2001年，他在另一篇散文《追忆李长之》中，又写道：

> 我在新育小学，不是一个用功的学生。不爱念书，专好打架。后来有人说我性格内向，我自己也认为是这样；但在当时，我大概很不内向，而是颇为外向的，打架就是一个证明。我是怎样转为内向的呢？这问题过去从未考虑过，大概同我所处的家庭环境有关吧。

也许正是因为这样的处境，季羡林从小就明白了自己与其他孩子的区别。失去了对父母的依靠，人生的路只能靠自己去走，孤军奋战，百折不挠，才能成功，从而有了独自面对整个世界的勇气与自信。这便愈加促使他埋头苦干，发愤图强，勤奋学习，比一般孩子早熟得多。

但是孩子毕竟是孩子，不管外部环境多么严酷，天真的童心却是永不会泯灭的。

在小学三年里，季羡林曾考过两个甲等第三（只有三名甲等），两个乙等第一，总起来看，属于上等，但是并不拔尖。实际上，虽然叔父管教极严，季羡林却并没有“唯命是从”。他当时对正课并不感兴趣，最感兴趣的是看小说。叔父是个古板的人，把小说视为“闲书”，是不许季羡林看的。但季羡林也有对付叔父的办法。

在家时，他的书桌下面有一个盛白面的大缸，上面盖着一个用高粱秆编成的“盖垫”。他坐在桌旁，桌上摆着“四书”，看的却是《彭公案》《济公传》《西游记》《三国演义》等旧小说。《红楼梦》大概太深，他看不出其中奥妙，林黛玉整天哭哭啼啼，他很不喜欢，因此看不下去。其余的书都是看得津津有味。冷不防叔父走了进来，他就连忙掀起盖垫，把“闲书”往里一丢，嘴里连忙念起“子曰”“诗云”来。

到了学校，用不着什么防备，一放学，他就躲到假山背后，或者盖房子的工地上，拿出“闲书”，狼吞虎咽地大看起来，常常忘了时间，忘了吃饭，有时候看到天黑，才摸黑回家。他对小说中的绿林好汉非常熟悉，他们的姓名都背得滚瓜烂熟，连他们用的兵器也如数家珍，比对教科书熟悉多了。他自己也想当那样的英雄。鼻子一哼，冒出一道白光，白光里带着宝剑，射杀坏蛋强盗，然后再一哼，白光和宝剑便又回到自己的鼻子里。

有一回，一个小朋友告诉他，把右手五个指头往米缸里猛戳，一而再，再而三，一直戳到一百次，上千次。练上一段时间以后，再换上砂粒，用手猛戳，最终就可以练成铁砂掌，五指一戳，连树木也能戳断。他信以为真，也想练成铁砂掌，便猛戳起来。结果把指头戳破了，鲜血直流，疼痛难忍，知道自己与铁砂掌无缘，才停止练习。

学习英文也是一个有趣的过程。他从小学开始学习英文，当时他认为用方块字是天经地义的事情，那种像蚯蚓爬过的痕迹一样的英文，居然也能发出声音来，还能有意思，简直不可思议。越神秘的东西越有吸引力，所以英文对季羡林产生了极大的吸引力。

他每天同十几个孩子一起，课余向一位英语教员学英语，兴趣极大。虽然他英语成绩不错，但是有一个伤脑筋的问题始终萦绕在脑子里：为什么“是”和“有”算是动词？它们一点也不动嘛。当时老师也不能回答他的这个问题。到了中学，英文老师也答不上来。当年用“动词”来译英文verb的人，大概不会想到他这个译名给多少孩子带来了这样的疑问。

季羡林在小学时读的“闲书”，现在看来并非闲书，而是文学史上的重要著作，它同正统文学互为补充，形成了完整的中国古代文学史。这些书是每一个研究中国文学和中国文化的学者必读的。而从小学开始学习英语，无疑给季羡林日后研究外国语言打下了良好的基础。这就好像给他插上了两只翅膀一样，使他在后来的学术研究中能够自由地翱翔。

13岁那年，他考上了城里的正谊中学。他本来是想考鼎鼎大名的济南第一中学的，但是他觉得自己把握不大，没敢报名，结果报了个“破正谊”。所谓“破”，指的是教学质量不如济南第一中学，其实正谊中学在济南也还是属于较好的学校，尤其是校舍十分讲究，环境优美。它背靠大明湖，万顷苇绿，十里荷香，不啻为人间乐园。

正谊中学开设的课程有：国文、英语、数学、物理、生物、地理、历史等，在当时已经算是比较齐全的课程了。英语老师水平很高，学生们写的英语作文，他很少改动，而是一笔勾销，自己重写一遍。对这位老师，季羡林印象很深，受益匪浅。

这时叔父已经开始亲自给季羡林讲课了，教材就是那本包括理学文章的《课侄文选》。课后，他还要去学古文和英文，负担是很重的。

但是季羡林这时毕竟只有十三四岁，玩兴很浓，课后多半跑到学校后面的大明湖畔去钓虾捉蟹。他在回忆这段生活时说：

综观我的童年，从一片灰黄开始，到了正谊算是到达了一片浓绿的境界——我进步了。但这只是从表面上来看，从生活的内容上来看，依然是一片灰黄。即使到了济南，我的生活也难找出什么有声有色的东西。我从来没有玩具，自己把细铁条弄成一个圈，再弄一个钩一推，就能跑起来，自己就非常高兴了。贫困，单调，死板，固执，是我当时生活的写照。

——《我的童年》

初露锋芒

1926年，15岁的季羡林从正谊中学初中毕业，考入了设在北园白鹤庄的山东大学附设高中文科班。北园高中的教员，可谓极一时之盛。山东大学校长是清末状元、当时的山东省教育厅长王寿彭先生。他提倡读经。在高中教读经的有两位老师，一位是清末翰林，一位是绰号“大清国”的老师，是一个顽固的遗老。他们上课都不带课本，教《书经》和《易经》，都背得滚瓜烂熟，连同注疏在内都能背得下来。据说他们还都能倒背如流。

教国文的老师是王崑玉先生，是一位桐城派的古文作家，有自己的文集，后来到山东大学去当讲师了。王崑玉先生对季羡林影响很大。他十分赏识季羡林的文才，在课上，对季羡林的作文大加赞扬，曾下过这样的批语：“亦简劲，亦畅达。”这对一个15岁的高中学生来说，简直是受宠若惊。惊喜之余，季羡林对古文产生了浓厚的兴趣。他自己设法找来了《韩昌黎集》《柳宗元集》，以及欧阳修、三苏等大家的文集，认真地作了一番研究。至于英文，由于有尚实英文学社的底子，他的英文水平在班里一直遥遥领先，无人能与其竞争。

季羡林常说：“我是一个很容易受环境支配的人。”其实，又有谁不是这样呢？一个学生交上去一篇作文，意外地得到老师的褒奖，由此便对文学产生了浓厚兴趣，更加努力地练习写作，最后终于走上了文学创作的道路，这种事是经常发生的。

由于季羡林在校的各科成绩都很优异，常受到老师表扬，所以在高中阶段，他的学习热情大为高涨，第一学期就考了一个“甲等第一名”，平均分超过95分。因此，受到王寿彭先生的嘉奖，亲笔写了一副对联和一个扇面奖励他，这自然更加激发了他的学习热情。

季羡林回忆道：“我有意识认真用功，是从这里开始的。”后来，在高中学习的三年中，六次考试，他考了六个“甲等第一名”，成了名副其实的“六连冠”。当时在学校里，季羡林的名字已经无人不知，无人不晓。他受到同学们的尊敬。大伙儿给他取了一个外号——“诗人”。其实他并没有写过什么诗，而且一生不喜欢新诗，这个外号大约是夸他的文章写得好吧。在老师们的眼里，这个年轻人前途无量，必将在今后的学坛上成就一番大事业。

1929年，季羡林转入新成立的山东省立济南高中，学习了一年，这在他的一生中，也是一个重要的阶段，特别是在国文学习方面。这个学校有几位全国闻名的作家：胡也频、董秋芳（冬芳）、夏莱蒂、董每戡等。前两位是他的业师。胡也频是早期无产阶级文学的著名作家。他在课堂上大力宣传“现代文艺”，亦即“普罗文学”，这使包括季羡林在内的一批青年学生大为兴奋。

这是季羡林初次接触马克思主义文艺理论，受其影响，他写了一篇名为《现代文艺的使命》的文章。可惜，此文还未来得及刊出，国民党就发出了对胡也频的通缉令。胡也频慌忙逃到上海，不久，就被国民党暗杀于上海龙华警备司令部。

接替胡也频教季羡林国文课的是董秋芳先生。董先生算是鲁迅先生的小友，北京大学毕业，翻译过一本苏联小说《争自由的波浪》，是鲁迅写的序。董先生十分赏识季羡林的作文，认为是全班之冠，全校之冠。每次都给予详细的批改和鼓励，这就更激发了季羡林的写作热情。他回忆道：

> 这决定了我一生的活动。从那以后，六十年来，我从事研究的是一些稀奇古怪的东西，与文章写作“风马牛不相及”。但是感情一受到剧烈的震动，所谓“心血来潮”，则立刻拿起笔来，写点什么。至今已到垂暮之年，仍是积习难除，锲而不舍。这同董先生的影响是绝对分不开的。我对董先生的知己之感，将伴我终生了。
>
> ——《我的老师董秋芳先生》

高中三年级，虽然已经没有经学课程，国文课也以白话为主，但是，季羡林并没有放松对中国古籍的钻研。他阅读的范围仍然很广。陶渊明、王维、李白、杜甫、李商隐、李煜、苏轼、陆游、姜夔等诗人、词人的作品，他读了很多。这对他以后的研究和写作，无疑影响深远。

在上高中时，他已经开始创作短篇小说：《文明人的公理》《医学士》《观剧》等，并于1929年陆续发表在天津的《益世报》上。

《文明人的公理》是揭露1928年日本帝国主义出兵占

领济南，酿成有名的“五三惨案”后，日本兵在济南横行霸道，抢劫老百姓财物的悲惨的一幕。表现了季羡林对日本侵略者的无比憎恶和辛辣讽刺。《医学士》是揭露一名庸医，嫌贫爱富，终因玩忽职守，致人死命的故事。《观剧》生动地描写了一个老式剧场中污浊、混乱的情景，以及国民党士兵欺压百姓、蛮横无理的行径。

季羡林写这些作品时，还只不过是一个18岁的高中学生。作品自然还显单薄、稚嫩，但从内容上已经能看出他的爱憎感情和关注现实的倾向。这大约是受到胡也频先生“现代文艺”思想的影响创作出来的吧。

与此同时，季羡林开始翻译外国作家的作品，并在山东《国民新闻》上发表。如俄国著名作家屠格涅夫的短篇小说和散文《老妇》《世界底末日——梦——》《玫瑰是多么美丽，多么新鲜啊……》《老人》；美国当代作家Logan Pearsall Smith的《蔷薇》；美国诗人、戏剧家D·Marquis的《守财奴自传序》；印度大诗人泰戈尔的《小诗》等。

季羡林是不悔少作，也从不掩少作的。早期创作和翻译的作品，无论多么幼稚，他也绝不作任何改动，在1992年编辑《季羡林文集》时，照登不误。他说：“谁都有穿开裆裤的时候，这没有什么丢人的。”

小　诗

[印] 泰戈尔著　季羡林译

一天天地，他来了又去了，

去，从我的头发上拿给他一枝花，我的朋友，我的朋友，

设若他问你，谁送的这花，我恳求你不要告诉他我的名字

——因为他只是来了又去了。

他坐在树下的尘埃上，

请你用花和叶，铺一个毯子，我的朋友，

他的眼睛郁郁的，使我心房里充满了忧悲，

他不说出他心里蕴储的什么；

——他只是来了又去了。

“五三惨案”惊魂

1927年，北伐军以雷霆万钧之势，从广东出发，一路宛如劲风扫残云，把各路军阀打得落花流水，纷纷溃败。1928年，大军占领了济南。此时，日本帝国主义怕失去它在山东的利益，悍然出兵占领了济南，酿成有名的“五三惨案”。当时，季羡林还是山东大学附设高中二年级的学生。由于日军占领了济南，北伐军撤走，所以学校不能开学，学生们都只能在家里待着。

日本军队成了济南的最高统治者，但他们又非常害怕中国老百姓，常搞突然袭击，到居民家里搜查，闹得全城风声鹤唳，鸡犬不宁，时有日军枪杀百姓的事件发生。季羡林本人就曾遭遇过一次险情。他在回忆中写道：

我无学可上，又深知日本人最恨中国学生，在山东焚烧日货的“罪魁祸首”就是学生。我于是剃光了脑袋，伪装成商店的小徒弟。有一天，走在东门大街上，迎面来了一群日军，检查过往行人。我知道，此时万不能逃跑，一定要镇定，否则刀枪无情。我貌似坦然地走上前去。一个日兵搜我的全身，发现我腰里扎的是一条皮带。他如获至宝，发出狞笑，说道：“你的，狡猾的大大地。你不是学徒，你是学生。学徒的，是不扎皮带的！”我当头挨了一棒，幸亏还没有昏过去。我向他解释：现在小徒弟们也发了财，有的能扎皮带了。他坚决不信，正在争论的时候，另外一个日军走了过来，大概是比那一个高一级的，听了那日军的话，似乎有点不耐烦，一摆手：“让他走吧！”我于是死里逃生，从阴阳界上又转了回来，我身上出了多少汗，只有我知道。

——《我的心是一面镜子》

在日军刺刀下度过的1928年，给季羡林留下终生难忘的印象。他沉痛地写道：“在这一年内，我心镜上照出的是临时或候补亡国奴的影像。”这段经历，更加激发了他的爱国热情，对他后来的思想产生了深刻的影响。他在1929年创作的短篇小说《文明人的公理》，对日寇狰狞嘴脸的揭露，正是他爱国思想的真实流露。

叔父的『礼物』——包办婚姻

1929年，季羡林18岁时，遵叔父母之命结了婚。叔父当年把侄子从农村接到济南来，本来就有两件任务：一件是培养他读书，以图将来为季家光大门楣；另一件是为季家续香火，生儿育女，传宗接代。到了1929年，在叔父眼里，侄子的第一件任务完成得十分让人满意，他在学校已经成了佼佼者，前途十分光明。于是，叔父自然就想起季羡林该完成的第二件任务——结婚生子。

按常情，一个18岁的青年学生，正值青春年少，学业初始，对未来怀着无限憧憬之时，一般是不愿有家室之累的。但季羡林当时寄人篱下，绝对无力反对这桩包办婚姻。所以，当叔父提出婚事时，他只得服从，接受这件“叔叔的礼物”。于是，在这一年，遵叔父母之命，媒妁之言，他终于结婚了。

季羡林的妻子叫彭德华，济南人，比他大4岁，只念过小学，就住在他家前院，两家门当户对。

1933年，他们有了女儿，取名婉如。1935年，又有了儿子延宗。

这桩包办的婚姻，既无爱情可言，又由于文化水平差异悬殊，缺少共同语言，让季羡林从一开始感受到的就不是欢乐，而是痛苦。他在1932年9月12日的日记中，回忆这桩婚姻时写道：

> “五三惨案”刚过，我精神是受刺激萎靡到极至了。又失学一年（生平未曾失过学），在家里蜷伏着。同时，使我最不能忘的（永远不能忘的）是我的H.（指妻子彭德华）竟然（经过种种甜蜜的阶段）使我得到der Schmerz（德文：“痛苦”）的真味。我现在想起来仍然心里突突地跳——虽然不成的东西，也终于成了东西了。
>
> ——《清华园日记》

这便是季羡林当时对这桩婚姻的真实想法与感受。无论如何，他必须接受这个事实。

这就是生活，这就是命运。

1930年夏天，季羡林高中毕业了。回首19年来走过的道路，有得有失，有喜有忧。“得”和“喜”的是：经过叔父和老师们的精心培养和自己的努力，他从一个毫无前途可言的农村孩子，变成了品学兼优、前程无量的有为青年；“失”和“忧”的是：离开母亲，失去人生最重要的母爱，这使他终身负疚，永远不能原谅自己。他还必须承受叔父母包办婚姻之痛，这痛苦将伴随他的一生。人生有得有失，谁也不会十全十美。诚如他85岁时，在《人生》一文中所说的：“我觉得，我们‘人’的‘生’都绝对是被动的。没有哪一个人能先制订一个诞生计划，然后再下生，一步步让计划实现。只有一个人是例外，他就是佛祖释迦牟尼。”

不过，这些复杂的人生问题，还是留给哲学家们去讨论吧！不管怎么样，1930年，展现在19岁的季羡林面前的，是光辉灿烂的锦绣前程。他已经有实力，有自信，在未来的人生舞台上，一展身手，与那些高官显宦、书香门第的富家子弟，一比高低。

第二章　水木清华

进京赶考

老人们常说：北京是块福地，什么兵荒马乱的事，到了北京，都会烟消云散，平安无事。此话不假。

1930年，正是中国兵荒马乱的年代。内有国共两党“围剿”与“反围剿”的殊死搏斗，血沃中原，寒凝大地，万家墨面，生灵涂炭；外有日本帝国主义步步进逼，东北三省危在旦夕，次年便爆发了“九·一八”事变，从此，东北三省的同胞沦为日寇的奴隶。在这内忧外患、国难当头之际，北京城（当时称北平）却依旧湖光山色、海晏河清，一派恬然自若、风平浪静的景象。

这年夏天，季羡林随山东省立济南高中同班毕业的八十多位“举子”，联合“进京赶考”。这是他第一次离开济南老家，独自出远门，又是参加大学考试，其兴奋激动的心情，自不待言。

“举子”们在前门车站陆续下了火车。季羡林坐上了一辆洋车，车夫拉着他在古都的大街小巷里奔跑。京城的一切，都使这个从外省来的年轻人感到迷惘和新奇。各式各样的牌楼，马路上悠闲踱步的行人，比济南阔气得多的商店和酒馆……使他“如入山阴道上，应接不暇”。

最使他奇怪的是，像木屋似的电车在铁轨上行驶，发出轰隆轰隆的巨大声响。他想，“电”，不是很危险吗？可是，乘客们却都若无其事地坐在车里，真是令人不可思议。洋车夫拉着他不知拐了多少弯，终于在西城大木仓附近，一个四合院门口停了下来。这时他不但迷惘，甚至有点慌张。天黑，看不清院子里有些什么东西，甚至也没看清自己住的小屋，便糊里糊涂地睡下了。这一晚，他做了许多稀奇古怪的梦。

这就是北京留给他的第一印象。他一生虽然走遍三大洲、五大洋，可是他最爱的还是北京。他在北京度过了人生的大半时间。

从全国各地来京的“举子”，自然没有闲情逸致去观赏故都的宫殿名苑。他们是来“赶考”的，重任在身，前途未卜。而大学的入学考试，对莘莘学子来说，不啻为一座“龙门”，既可怕，又极具吸引力。跳过去了，就成龙；跳不过去，就成蛇。这条人生道路上的阴阳界，谁也绕不过去。曾有多少人跳过“龙门”，从此春风得意，平步青云，名利双收，出人头地；也曾有多少人，“龙门”折翅，名落孙山，从此心灰意懒，自暴自弃，穷困潦倒，抱恨终身。

当时到北平赶考的“举子”，不限于山东，几乎全国都有，赶考的人数，总起来有六七千或八九千人。

当时，北平的大学有十几所，还有若干专科学校，五花八门，既有国立的，也有私立的，还有教会立的。考试办法也不像今天这样统一出题，统一阅卷，统一录取；而是各校分头招生，有意把考试日期分开，不让“举子”们顾此失彼。有的大学，比如朝阳大学，一个暑假就招四五次生，可谓“先天下之招而招”又“后天下之招而招”，前者是为了报名费（每人大洋三元），后者是为了学费，最后几乎一网打尽。各校招生均自己出题、自己录取。这样，考生便可以任意选择报考学校。虽说考生自由选择的空间很大，但由于学校水平极其悬殊，因此，竞争的焦点便集中在名牌大学上。

当年的名牌大学，同今天一样，是北京大学和清华大学这两所“国立”大学。全国来赶考的“举子”，没有不报考这两所大学的。即使自知庸陋，也无不想侥幸一试。因为这是“一登龙门，身价十倍”的事，谁愿意放过呢？北大和清华当然只招一次生，而且门槛高得可怕，在五六千或更多的报名学子中，清华仅录取约两百人；北大不及清华的一半，录取比例低得惊人。往往没有把握的人，都得报几个二流、三流、不入流的学校垫底，有的人甚至报七八所大学。即使这样，每年仍有许多考生落第，铩羽而归。

季羡林同别的考生不同，他只报了北大、清华两所大学。为什么呢？他自己说：“我一辈子考试的次数成百上千，从小学一直考到最高学位；但我考试的运气好，从来没有失败过。”这当然不是什么运气好，而是有实力与自信。山东省重点中学（当时还没有这种叫法）的“六连冠”，已经在报刊上发表多篇创作和译文的高才生季羡林，是应该有这份自信的。但是作为一名高中毕业生，非北大、清华不上，这多少有点狂妄。由此也可看出，青年季羡林的心气儿有多高。他在回忆当年考试的情形时写道：

> 清华当年入学考试的国文作文题目是“梦游清华园记”。因为清华离城远，所以借了北大北河沿三院做考场，学生基本上都没有到过清华园，仅仅

凭借“清华园” 这三个字，让自己的幻想腾飞驰骋，写出了妙或不妙的文章。我的幻想能力自谓差堪自慰，大概分数不低。

——《清新俊逸清华园》

北大的考题则给我留下了难忘的印象。先说国文题就非常奇特：“何谓科学方法？试分析详论之。” 这哪里像是一般的国文试题呢？英文更加奇特，除了一般的作文和语法方面的试题以外，还另加一段汉译英，据说年年如此。那一年的汉文是：“别来春半，触目愁肠断。砌下落梅如雪乱，拂了一身还满。” 这也是一个很难啃的核桃。最后，出所有考生的意料，在公布的考试科目以外，又奉赠了一盘小菜，搞了一次突然袭击：加试英文听写。我们在山东济南高中时，从来没有搞过这玩意儿。这当头一棒，把我们都打蒙了。我因为英文基础比较牢固，应付过去了。可怜我那些同考的举子，恐怕没有几个人听懂的。结果在山东来的举子中，只有三人榜上有名。我侥幸是其中之一。

——《我眼中的张中行》

季羡林考试结果是："连中双元"。北大、清华都录取了。他大喜过望，春风得意，踌躇满志，自然也就成为"举子"们羡慕的对象。

回到旅舍，欣喜之余，他回想起来京之前，在济南报考邮务生落榜之事，感慨不已，顿生人生莫测、祸福难料之感。原来，就在他高中毕业后、来京赶考前的这段时间里，济南邮政局招收"邮务生"。当时社会上，邮政局、铁路局、盐务稽核所，这三个关系国计民生命脉的部门，都掌握在不同国家的帝国主义分子手中。在半殖民地的社会里，"老外"就是上帝，是谁也不敢惹的。不管社会多么动荡不安，"老外"管辖的部门，永远稳如泰山。当时，"老外"给的饭碗，是"铁"的，砸不烂，打不碎，摔不破。只要好好干活，不违"洋"命，就可以终生稳端这个"铁饭碗"。这在一般人的眼里，当然是一个美差。

当叔父知道济南邮政局招收邮务生的消息后，觉得机不可失，便要求侄子前去报考。季羡林虽然志在上大学深造，却不敢有违严命。如果考取了，可以当一名邮务生。再如果勤勤恳恳为"老外"工作，不出娄子，干上十年二十年，也可能熬上一个邮务佐，算是邮局里的一个芝麻绿豆大的小官。

可是出人意料，他没考上。

一个能考上中国最高学府北大、清华的高才生，竟然考不上一个邮务生，岂非咄咄怪事！他自己的答案是："大概面试的'老外'看我不像那样一块料，于是我名落孙山了。"这大概是有道理的。邮务生的标准同大学生的标准不是一码事，再加上他性格内向，不善应对，可能在这位"老外"眼里，他确实不是干邮务生的料。可是，今天想来，我们倒应该感谢这位"有眼力"的"老外"。否则，中国不过多了一个邮务生或邮务佐，而失去的却是一位举世闻名的学术大师。

北大、清华都考上了，却出现了新的难题："鱼与熊掌不可得兼"，究竟上哪个大学好呢？

北京大学建于1898年，原名京师大学堂。1917年蔡元培出任北大校长，提出"思想自由，兼容并包"的办学方针，从此，北大就逐渐形成了民主、进步、爱国的优良传统，在历次爱国、民主运动中成为全国的先锋，同时也形成了独立思考、治学严谨的学风。这里有全国知名的教授和一流的学生。上北大，自然是每一个考生梦寐以求的事。

清华大学成立于1911年，其前身叫"留美预备学堂"，是专门培养青年学生去美国留学的学校，它是清政府用美国退还的庚子赔款兴办的。1925年开始设立大学部，1928年改名为国立清华大学。到了1930年，清华虽然已经不是专门培养青年学生去美国留学的学校了，但是，在出国留学方面，仍然比北大或其他学校有优势。清华同样有全国一流的教授和学生；清华强调计划培养，严格训练，它的校风是“清新、活泼、民主、向上”。清华同样是每一个考生首选的学校。

这两所大学相比较，师资、设备、名望、生源等方面都可谓势均力敌，不分轩轾，至今依然如此。可是，仔细研究一下，也可以发现北大和清华这两所名校，在学风、校风上略有差异，各有千秋。所谓“北大学派”和“清华学派”的问题，一直是学界颇感兴趣、又议而未决的问题。在许多年后，季羡林既成了清华学子，又在北大任教五十余年。当有人问及此事时，他曾就两校风范的差异，说过一段耐人寻味的话。他说：“我想说，北大的风范可以用人们对杜甫诗的评论‘沉郁顿挫’来概括。而对清华则可用杜甫对李白诗的评价‘清新俊逸’来概括。这是我个人的印象，但我自认是准确的。至于为什么说是准确的，则非三言两语能够解释清楚的，这个问题就留给大家去揣摩吧。”

季羡林用古人评诗的话语来概括北大和清华两校的不同风范，实在是既贴切，又妙不可言。但是，“此中有真意，欲辨已忘言”。

清华情缘

且说，季羡林在比较北大与清华两校之后，最终选择了清华。其中并没有多少奥秘。他说：“当时‘留学热’不亚于今天，我未能免俗。如果从留学这个角度来考虑，清华似乎有一日之长。至少当时人们都是这样看的。‘吾从众’，终于决定了清华。”后来事实证明，季羡林这一宝算是押对了。五年后，他之所以能够留学德国，的确是沾了清华的光。如果上了北大，那就难说了。

当时的清华有一个特点：新生报考时用不着填写报考的系名，录取后，再由学生自己决定入哪个系。读上一年，如果觉得不满意，还可以转系。这样一来，自由倒是自由了，但又给新生增添了烦恼。因为清华的系、科繁多，而且都有吸引力。季羡林左掂右量，举棋难定。他自谓成了莎翁剧中的哈姆雷特，碰到了“To be or not to be”的难题。

季羡林是从文科高中毕业的，按理说，上文科更适宜，然而他却一度想上数学系，可见当时他并没有立志成为一位语言学家。这同当时书香门第出身的子弟们，受家庭影响，从小立志要成什么家、什么家，是完全不同的。季羡林是一块璞玉，他在等待着高超的玉人琢磨刻镂；他又是一匹千里马，在翘首等待独具慧眼的伯乐调教引领。

经过长时间的考虑，季羡林最后决定入西洋文学系（后改名为外国文学系）。这决定，自然与他那虚无缥缈的出国梦分不开，也与当年清华西洋文学系的大名威震神州不无关系。当年的清华西洋文学系，教授几乎全是外国人，讲课当然都用英文，连中国教授讲课有的也用英文。光这一点，就够让青年学子们振聋发聩的。季羡林当然也在“振聩”之列，于是，他当机立断，毅然决然选中了西洋文学系。

然而，世间许多事往往都是盛名之下，其实难副。待季羡林入了西洋文学系之后才发现，那些外国教授几乎全都不学无术，是在他们本国恐怕连中学都教不了的人。中国教授虽不能说个个不学无术，但有真知灼见的也寥寥无几。

六十多年后，耄耋之年的季羡林在《学海泛槎——季羡林自述》中写道：

从1930年到现在，67个年头已经过去了。所有当年的老师已经去世了。最后一位去世的是后来转到北大来的温德先生，去世时已经活过了100岁。我现在想根据我在清华学习四年的印象，对西洋文学系做一点评价，谈一谈我个人的一点看法。我想先从古希腊找一张护身符贴到自己身上："吾爱吾师，吾尤爱真理。"有了这张护身符，我就可以心安理得，能够畅所欲言了。

现在我来介绍温德教授。他是美国人，怎样到清华来的我不清楚。他教欧洲文艺复兴文学和第三年法语。他终身未娶，死在中国。据说他读的书很多，但没见他写过任何学术文章……他身上穿着500大洋买的大衣，腋下夹着十块钱一册的《万人丛书》，眼睛上戴着用八十块大洋配好的但镜片装反了的眼镜，徜徉在水木清华的林荫大道上，昂首阔步，醉眼朦胧。

现在介绍吴可读教授。他是英国人，讲中世纪文学。他既无著作也无讲义，上课时他顺口讲，我们顺手记。究竟学到了些什么东西，我早已忘到九霄云外去了。

现在介绍毕莲教授。她是美国人。我也不清楚她是怎样到清华来的。听说她在美国教过中小学。她在清华讲授中世纪英语，也是一无著作，二无讲义。她的拿手好戏是能背诵英国大诗人Chaucer（乔叟——笔者注）的 Canterbury Tales（《坎特伯雷故事集》——笔者注）开头的几段。听老同学说，每逢新生上她的课，她就背诵那几段，背得滚瓜烂熟，先给学生一个下马威。以后呢？以后就再也没有什么花样了。

下面介绍叶崇智（公超）教授。他教我们第一年英语，用的课本是英国女作家Jane Austen（简·奥斯汀——笔者注）的《傲慢与偏见》。他的教学法非常离奇，一不讲授，二不解释，而是按照学生的座次——我先补充一句，学生的座次是并不固定的——从第一排右手起，每一个学生念一段，依次念下去。念多么长？好像也没有一定之规，他一声令下："Stop！"（英语：停止。——笔者注）于是就Stop了！他问学生："有问题没有？"如果没有，就是邻座的第二个学生念下去。

有一次，一个同学提了一个问题，他大声喝道：“查字典去！”一声狮子吼，全堂愕然、肃然，屋里静得能听到呼吸声。从此天下太平，再没有人提出任何问题了。就这样过了一年。公超先生英文非常好，对英国散文大概是很有研究的。可惜，他惜墨如金，从来没有见他写过任何文章。

书中还介绍了其他一些中外教授，这里就不再一一征引了。仅从季羡林对这几位教授的介绍，读者已经可以对当年清华西洋文学系的师资水平和教学质量有个大概的了解了。

季羡林对当年清华西洋文学系教授的评价，也许会给人一种有违师道尊严的感觉。其实，这也是他性格的一种表露，是他与一般人的迥异之处。他从不会说谎言，也从不在背后议论别人，他对别人的看法都写在纸面上，公之于众。比如，他对叶公超先生的看法，与他的师弟王辛笛先生（也在清华西洋文学系，比他低一级）相左，便写了《也谈叶公超先生二三事》一文，来表达自己的观点。

他说，“中国古话：为尊者讳，为贤者讳。这个道理我不是不懂。但是，为了真理，我不能用撒谎来讳，我只能据实直说”。他又说：“在背后，甚至在死后议论老师的长短，有悖于中国传统的尊师之道。不过，我个人觉得，我的议论，尽管难免有点苛求，却全是善意的，甚至是充满感情的。”（《也谈叶公超先生二三事》）季羡林确实做到了“吾爱吾师，吾尤爱真理”。由此也可见他性格之一斑。

学生对老师的评价，从来就是个见仁见智的问题。在我们这个有着两千多年尊师传统的社会里，一般人出于“为师者讳”之类的考虑，只敢在背地里褒贬老师，而少有拿到桌面上来议论的现象。尽管早有像韩愈这样的名人说出过“师不必贤于弟子”之类的名言，但是人们还是愿意采取“吾爱真理，吾尤爱吾师”的态度。这多少有些令人感到遗憾。

引用季羡林对西洋文学系教授颇有微词的评价，还有另一个原因。按常情，一位学者的成功，中学是打基础阶段，大学就应当是学术研究发轫的阶段。像西洋文学系教授们那样的教学水平，是很难让学生发出什么“轫”来的。季羡林虽然在西洋文学系上了四年学，可是他后来研究的却是佛教梵文、吐火罗文，与西洋文学“风马牛不相及”。这是怎么一回事呢？是谁把他带上这条路的呢？又是谁给他发的“轫”呢？这里便不能不提到另外两位学术大师——陈寅恪先生和朱光潜先生了。

研究发轫

季羡林上了清华后，最使他感到遗憾的还不是西洋文学系教授教学水平低下的问题，而是没能赶上清华国学研究院的开办时期。就在他入学的前一年，国学研究院突然停办了。为此，他常发出“吾生也晚”的慨叹。

清华国学研究院成立于1925年。以“研究高深学术、造就专门人才为宗旨。”“其目的专在培养成下列两项人才：（一）以著述为毕生事业者，（二）各种学校之国学教师。”清华国学研究院的教师是大名鼎鼎的国学大师王国维、梁启超、赵元任、陈寅恪。王、梁、赵、陈被称为国学研究院的四大导师。

在国学研究院里，一切现代化学校的烦琐规章制度，几乎都没有。它好像是旧日的书院，师生直接联系，互相了解。教师亲自指导学生从事研究，真正做到了循循善诱，因材施教。

从这个研究院里毕业的学生，几乎都成了教授或学术界的著名人物。当年的年轻讲师李济，后来也成了大师级的人物，曾担任台湾研究院的院长。清华国学研究院，对20世纪中国学术界的影响十分深远。

清华国学研究院理所当然成为当时文科大学生们心目中的圣地。一切有志于从事国学研究的青年，无不顶礼膜拜，极其向往。如若能够进入这个研究院，则视为三生有幸。

可惜，它只存在了四年便停办了。原因是：王国维与梁启超两位大师，不幸相继逝世。

季羡林自叹“吾生也晚”，是情理之中的事。像季羡林这样有志于学的青年，只消看一看几位导师的大名和他们所开列的课程，就会怦然心动，更不用说聆听大师们的教诲了。可是，“吾生也晚”，又有什么办法呢？

好在陈寅恪先生在国学研究院停办后，转至清华大学历史系任教授，正在开设“佛经翻译文学”的课程，季羡林便立即办好旁听手续，前去听课。

陈寅恪先生少年出国，在东京上高中，后在上海复旦公学、德国柏林大学、瑞士苏黎世大学、法国巴黎高等政治学校、美国哈佛大学等著名学校学习，精通多种语言。他融合中西，学贯古今。从西北史地、蒙藏绝学、佛学义理、天竺影响，进而专治六朝隋唐历史，晚年又从事明清思想研究，是一代史学大师。他不仅学问博大精深，而且是一位执着的爱国者。

季羡林前去旁听陈寅恪先生的“佛经翻译文学”课，参考书用的是《六祖坛经》。他便到城里的一座大庙里去买了一本。听陈寅恪先生的课，使他有如石破天惊，茅塞顿开，如痴如醉。这把他引上了研究佛教梵语的道路。季羡林在回忆听陈寅恪先生讲课的感受时说：

> 寅恪师讲课，同他写文章一样，先把必要的材料写在黑板上，然后再根据材料进行解释、考证、分析、综合，对地名和人名更是特别注意。他的分析细若毫发，如剥蕉叶，愈剥愈细愈深，然而一本实事求是的精神，不武断，不夸大，不歪曲，不断章取义，他仿佛引导我们走在山阴道上，盘旋曲折，山重水复，柳暗花明，最终豁然开朗，把我们引上阳关大道。读他的文章，听他的课，简直是一种享受，无法比拟的享受。
>
> ——《回忆陈寅恪先生》

这一偶然的机缘，促成了季羡林日后选择佛教梵文作为自己毕生从事的专业。当然并不是在听陈寅恪先生课的时候他就确立了这一志向。当时季羡林甚至还没想过要做一名学者，而且那时国内也无人能教梵文。只是陈寅恪先生在他心中播下的这颗种子，数年后，当他在德国碰到了闻名世界的梵文大师后，便开花结果了。

季羡林在清华时，曾经与吴宓、叶公超、杨丙辰、郑振铎等几位老师十分熟悉。因为发表文章，写毕业论文等事情常到几位老师家里去请教，几位老师还请他吃过饭。但是唯独与陈寅恪先生接触不多，他从未去陈寅恪先生家拜访过。有时候，在校园林荫道上，在熙熙攘攘的学生人流中，季羡林远远地看见陈寅恪先生去上课的身影，身着长袍，朴素无华，腋下夹着一个布包，里面装满了讲课时用的书籍和资料。不认识他的人，还以为是琉璃厂某个书店到清华来送书的老板，绝不会知道，他就是名扬海内外的大学者。

他同当时清华留洋归来的大多数西装革履、发光鉴人的教授迥乎不同。陈寅恪先生不随流俗、特立独行的形象，给季羡林“留下了毕生难忘的印象”。后来，陈寅恪先生对季羡林的提携与帮助，则影响了他的一生，虽然当时陈寅恪先生并没有注意到这位年轻的旁听生。这是后话。

清华时代对季羡林影响很大的另一位老师是朱光潜先生。朱光潜先生1925年出国留学，先后在英国爱丁堡大学、法国巴黎大学、斯塔斯大学学习。那时朱光潜先生刚从国外学成归来，任北京大学教授，在清华大学兼课，年龄也就三十四五岁。他开的课是“文艺心理学”，实际上就是美学，这是一门选修课。季羡林选了这门课，认真地听了一学年，觉得朱光潜先生的课不同凡响，让他获益匪浅。比起西洋文学系那些外国教授所开的课，好到不可比的程度。

朱光潜先生口才并不好，他不属于能言善辩、口若悬河的那一类人。而且，讲一口带安徽味的蓝青官话，听起来并不“美”。好像还有点怕学生，讲课时眼睛总是向上翻，看着天花板的某一处，不敢看学生。可是他一句废话都没有，慢条斯理，娓娓道出深奥玄虚的美学理论，句句都能钻入学生心中。朱光潜先生深通西方哲学和当时西方流行的美学流派，而对中国的旧诗词又极为娴熟。所以在课堂上引东证西或引西证东，触类旁通，头头是道，毫无牵强附会之处。季羡林立刻喜欢上这门课，对朱光潜先生也十分敬佩。他回忆道：

对那些古里古怪的理论，他却能讲出一个道理来，我听起来津津有味。我觉得他是一个有学问的人，一个在学术上诚实的人，他不哗众取宠，他不用连自己都不懂的“洋玩意儿”去欺骗、吓唬中国学生。因此，在开课以后不久，我就爱上了这一门课，每周盼望上课，成为我的乐趣了。

——《他实现了生命的价值——悼念朱光潜先生》

陈寅恪、朱光潜二位先生的课，使季羡林终身受益不尽。虽然当时他还没敢梦想当一个学者，然而这两门课的内容和精神已在潜移默化中融入了他内心深处。他说：“这两门课对我以后的发展有深远的影响，可以说一直影响到现在。我搞一点比较文学和文艺理论，显然是受了朱先生的熏陶。而搞佛教史、佛教梵语和中亚古代语言，则同陈先生的影响是分不开的。”他又说：“如果说我的所谓‘学术研究’真有一个待‘发’的‘轫’的话，那个‘轫’就隐藏在这两门课里。”

他还旁听或偷听过很多外系的课。比如朱自清、俞平伯、冰心、郑振铎等先生的课，他都听过。在旁听或偷听过程中，有成功的，也有失败的。

最失败的一次，是同许多男同学一起去偷听冰心先生的课，当场被冰心先生赶出了课堂，这也成了一件趣闻。冰心先生当时很年轻，但已蜚声文坛，名震神州，清华请她来教课。学生中“追星族”也大有人在，季羡林就是其中之一。

有一天，季羡林随“追星族”一起到三院去旁听，屋子里面座无虚席，连走廊上都站满了人。冰心先生当时不过三十二三岁，头上梳着一个信基督教的妇女王玛丽、张玛丽之流常梳的纂儿，盘在后脑勺上，满面冰霜，不露一丝笑意。她看到课堂上挤了这么多学生，知道其中必有“诈”，于是威仪俨然地下了“逐客令”：“凡不选修本课的学生，统统出去！”季羡林和“追星族”们，相视一笑，伸伸舌头，立即弃甲曳兵而逃。从此，不敢再进她的教室。四十多年后，冰心先生已是一位慈祥和蔼的老人，季羡林与她重逢，向她谈起当年被逐之事。冰心先生说，她已完全忘记了。师生相视而笑，有会于心。

但是，旁听郑振铎先生的课，就大获成功，而且由于听课，季羡林与郑振铎先生后来成了忘年交。郑振铎先生当时是燕京大学中国文学系的教授，在清华兼课。季羡林由于从小就对中国文学有浓厚的兴趣，便前去旁听。郑振铎先生知识渊博，讲起课来，口若悬河，滔滔不绝。而且郑振铎先生没有丝毫的教授架子，完全以平等态度对待学生，对青年人十分爱护。郑振铎先生不但邀请季羡林到自己家里做客，而且在他与巴金、靳以主编的大型文学刊物《文学季刊》上发表季羡林的文章。当季羡林看见自己的名字赫然印在杂志的封面上时，既受鼓舞，又颇为得意。

大学期间，季羡林还有缘结识了沈从文先生和老舍先生。

沈从文先生在当时已经是一位有名的作家。他那些描写湘西怪异风土人情的作品，受到读者的普遍欢迎，特别是大学生们。季羡林也是沈从文作品的热心读者。他认为："所有并世作家中，文章有独立风格的人并不多。除了鲁迅先生之外，就是沈从文。"季羡林认识沈从文先生，实出于一件偶然的小事。

当时，丁玲的《母亲》出版以后，季羡林读了感觉有一些意见要说，于是写了一篇书评，刊登在郑振铎、靳以主编的《文学季刊》创刊号上。文章登出后，听说沈从文先生有一些意见，于是季羡林立即写了一封信给沈从文先生，同时请郑振铎先生在《文学季刊》创刊号再版时，把他那篇书评抽掉。就是因为这样一件并不愉快的小事，他和沈从文先生便认识了。

季羡林当时是一个穷学生，沈从文先生是著名作家，两人社会地位相差悬殊，本不应该成为朋友。可是，沈从文先生一点著名作家的架子也没有，这使季羡林十分感动。最令他难忘的是，沈从文先生和张兆和女士结婚，在北京前门外大栅栏撷英番菜馆设盛大宴席。出席婚礼的都是各界名流，证婚人是胡适先生，场面十分隆重。沈从文先生居然也请他参加，这使他受宠若惊，同时也对沈从文先生为人的宽厚、朴实十分敬佩。从此，他们便结下了深厚的友谊。

季羡林认识老舍先生也是出于偶然的机缘。季羡林上大学期间，老舍先生正在济南齐鲁大学教书。有一年暑假，他回济南老家，他的小学、中学、大学的老同学李长之，突然告诉他准备在家里请老舍先生吃饭，而且要请他作陪。这消息来得太突然，使季羡林大吃一惊，简直不敢相信。

季羡林从高中时代起，就喜欢读老舍先生的作品。什么《老张的哲学》《赵子曰》《二马》等，他都读过。他特别欣赏老舍先生作品中幽默的语言和浓厚的生活气息，对老舍先生十分崇敬。现在自己竟要陪这位著名作家吃饭，真是让人难以置信，心里忐忑不安。及至见到老舍先生后，才发现老舍先生全然不是自己想象中的那种摆架子的名人。特别是他那一口地道的京腔，说起来铿锵有力，听他说话，简直就像听音乐，是一种享受。从那以后，季羡林就同老舍先生认识了。

在后来的日子里，他又曾因私或因公，与陈寅恪先生、朱光潜先生、冰心先生、郑振铎先生、老舍先生、沈从文先生等，多有交往。

这也是后话，暂且不提。

『清新俊逸』

季羡林在清华学习四年，直接影响到他学业的，除了老师教诲外，清华的校风也是不可忽视的一个方面。所谓“一方水土养一方人”。同理，一个学校培养出一个学校的学生，校风对学生的影响是不可否认的事实。清华的校风正如季羡林所概括的那样：“清新俊逸”。说得具体一点，就是“清新、活泼、民主、向上”。在20世纪30年代，清华大学与别的学校稍有不同之处，可以说受西方文化影响更大一些，说得通俗一点，就是有点“洋气”。

先说说所谓的“拖尸”。清华新生入学，第一关就是“拖尸”，这是英文toss（抛、掷）的音译。意思是，新生在报到前必须先到体育馆，老生中的好事者，列队在那里对新生进行“拖尸”。办法是，几个彪形大汉把新生的两手、两脚抓住，举起来，在空中摇晃几次，然后抛到垫子上，这就算完成了手续。墙上贴着大字标语：“反抗者入水！”游泳池的门确实敞开着。这是从美国输入的“舶来品”。这里面并没有虐待新生的敌意，反倒是老生对新伙伴充满友情的玩笑。

对这种表示友情的美国方式，有人看不惯，其实，这正是清华校风清新与活泼的表现。类似“拖尸”的活动还有不少。季羡林入学后，因为有同乡——篮球队队长的保驾，侥幸未被“拖尸”。当时他颇为沾沾自喜，事后想起来却深感遗憾。这个终生难遇的机会轻易放过，以后想补课也不行了。

再说清华校风民主的例子。

当时清华的教授月薪高达三四百元大洋，可以买20袋面粉。他们的社会地位极高，往往目空一切，自视高人一等，学生是很难接近他们的，但这并不妨碍学生开教授的玩笑。学生一般都利用自己主编的刊物《清华周刊》，同教授开玩笑。

第一件事是针对俞平伯先生的。俞平伯先生家学渊源，是国学大师俞樾的孙子。他自己能写诗填词，在中文系讲授唐诗宋词课，是很有吸引力的。他的课讲得很有特色。在课堂上，他选出一些诗词，自己摇头晃脑地朗诵。有时还闭上眼睛，仿佛完全沉浸在诗词的境界之中，遗世而独立。有时他蓦然睁大眼睛，连声说：“好，好，好，就是好！”学生正在等待他解释好在何处，他却朗诵起第二首诗词来了。这种讲诗词的方法，不落言筌，不失本意，也不失为一种启发式的讲法。

就是这位俞平伯先生，有一天，忽然把脑袋剃了个精光，大摇大摆走上讲堂，全堂为之愕然。几天后，《清华周刊》上就登出了文章，讽刺俞平伯先生要出家当和尚。俞平伯先生并不生气，恬然自得，泰然处之。仍然光着头，一本正经地在课堂上高喊：“好，好，好，就是好！”

另一件事是针对吴宓先生的。吴宓先生是西洋文学系教授，季羡林的业师。他讲授两门课：一门是“中西诗之比较”，一门是“英国浪漫诗人”。吴宓先生生性耿直，古貌古心，却流传着许多“绯闻”。他似乎追求过不少女士，最著名的是一位叫毛彦文的女士。他有一首诗，开头两句是“吴宓苦爱×××（原文如此），三洲人士共惊闻。”当时不能写出真姓名，但是从押韵上来看，×××者，毛彦文也。吴宓先生还有一组诗——《空轩十二首》，最初是在“中西诗之比较”课堂上发给学生的。据说，每一首影射一位女子。于是，《清华周刊》上便把第一首今译为：

一见亚北貌似花，
顺着秋秸往上爬。
单独进攻忽失利，
跟踪盯梢也挨刷。

“亚北”者，欧阳也，是外文系一位女生的姓。这个今译本在学生中广为传诵。然而，吴宓先生却泰然自若。

学生在校刊上跟老师开个小玩笑，饶有风趣又无伤大雅。师不以为忤，生以此为乐。这样做，不但没有伤害师生关系，反倒能缩短师生距离，使师生感情更亲近、更融洽。这是清华校风民主的一面。在别的大学，难得一见。

清华学生一般都非常用功，又都特别注重锻炼身体。每天下午四点以后，图书馆、教室里几乎空无一人，而体育馆里倒是人山人海；操场上也挤满了众多喜爱跑步、踢球、打球的学生，一派生龙活虎的景象。可到晚饭以后，图书馆里却又灯火通明，个个都在孜孜不倦地伏案苦读了。

墨子曰：“染于苍则苍，染于黄则黄。”清华大学“清新、活泼、民主、向上”的校风，对季羡林思想和性格的影响是深远的。他自己说：“我在这样的环境中生活、学习整整四个年头，其影响当然是非同小可的。”

「四剑客」

季羡林在清华读书时的好友有吴组缃、林庚、李长之。这四个人并不是一个系，年龄相差两三岁，季羡林年龄最小。其中，只有李长之是他的老相识。大概都是“文学青年”的缘故吧，不知怎么四个人便成了好友，被称为清华的“四剑客”。

“四剑客”经常会面。有时在荷花池旁，有时在林荫道上，有时在某一个人的宿舍里，最常去的地方是工字厅。清华的工字厅是一座颇为奇特的老式建筑，里面回廊曲径，花木蓊郁，后面是河塘。那个有名的、写着“水木清华”的匾，就挂在工字厅后墙外面。这里非常清静，平时很少有人来，正是“四剑客”侃大山的理想地方。四个二十岁左右的文学青年凑在一起，海阔天空，放言高论，旁若无人，“语不惊人死不休”，个个都吹自己的文章写得好。

一次，林庚早晨初醒，看到风吹帐动，立即写了两句诗：“破晓时天旁的水声，深林中老虎的眼睛。”当天就读给另三人听，念得眉飞色舞，十分得意。

“四剑客”在一起，指点江山，臧否人物，但是，讨论得最多的还是文坛新事。比如：茅盾的《子夜》出版的时候，四个人凑到一起大侃《子夜》。意见分为两派：否定派和肯定派。季羡林属于否定派，觉得茅盾的文章死板、机械，没有鲁迅文章中的那种灵气。吴组缃则是肯定派，认为《子夜》结构宏大，气象万千。这样的辩论向来不会有结果。不过是每人都把自己的意见淋漓尽致地发表一通后，你好，我好，大家都好，话题又转到别的问题上去了。

“四剑客”后来都成了著名的作家、诗人和学者。吴组缃在清华毕业后，成为一名左翼作家和教授。他的小说《一千八百担》和《樊家铺》《天下太平》《某日》等，反映了20世纪30年代农村动乱的现实和复杂的社会纠葛，取得了很高的艺术成就。林庚成了有名的诗人和教授，李长之则是著名的文学家。二十年后，院系调整，吴组缃、林庚调到北京大学任教，季羡林与他们又在燕园聚首，大家都已成了中年人。二十年尘世间摸爬滚打，历尽艰辛，心灵上都留下了累累伤痕；更兼中年人家事、国事，事事萦心，早已失去了少年锐气。但三人重新聚首，仍然喜出望外，开怀大笑。个中滋味，唯三人自知，外人莫能知也。

如今，“四剑客”中，李长之命运多蹇，早已离开了人世。1994年，吴组缃也因病去世。唯余“二剑客”在，且都已垂垂老矣。

清华园风光依旧，荷塘如故，“四剑客”少年谈笑之声，余音犹在，可叹“物是人非事事休”，怎不叫人发出“浮生若梦，为欢几何”之感慨！

同窗情深

季羡林在清华时还有一位好友，便是胡乔木（原名胡鼎新）。胡乔木比季羡林小一岁，是历史系的学生。当时已加入中国共产主义青年团，从事反对国民党的地下活动。有时早晨，在盥洗室同学们的脸盆里，常常会有宣传革命的传单，是手抄的。大家心里都明白，这出自胡乔木之手，但是没有一个人去告发。当时国内政局非常紧张。

日本侵略军兵临古北口，1931年更爆发了“九・一八”事变，随即日军占领了东北三省。蒋介石采取“攘外必先安内”的政策，对日寇“绝对不可抵抗”，反之，对共产党则大肆“围剿”。这种行为激起了全国人民的强烈愤慨。“九・一八”事变后，清华学生积极投入抗日救亡运动，组成了学生赴南京请愿团。季羡林怀着满腔热情，随清华学生卧轨绝食，奔赴南京请愿，要求蒋介石出兵抗日。

季羡林还同清华同学一起，到清河、沙河一带农村，向农民宣传抗日。季羡林是一个忠诚的爱国者，自谓“平生爱国不敢后人，即使把我烧成灰，我也是爱国的”。但是，对政治斗争，他的态度却是：“我算是中间偏左的逍遥派，不介入，也没有兴趣介入这种斗争。”可见，季羡林的政治态度是以爱国为标准，对党派斗争没有兴趣介入。他是爱国者，不是政治家。他的志趣在追求知识，而不是参加政治斗争。这种思想，从年轻时便已形成。

所以，当一个深夜里，胡乔木坐在他的床边，苦口婆心地劝说他参加革命活动的时候，他告诉胡乔木，他胆小怕事，没有答应。但是，他答应可以到胡乔木主办的工人子弟夜校去教课，算是聊助一臂之力。

中华人民共和国成立后，胡乔木身居高位，季羡林乃一介书生，但他们的友谊始终保持。胡乔木也曾助过季羡林一臂之力。

在清华大学的四年间，季羡林交游甚广，朋友甚多，除吴组缃、林庚、李长之外，卞之琳、萧乾、李健吾、田德望、钱锺书、邓广铭等也都是季羡林的挚友。这些人当年都是20出头的毛头小伙子，在清华、北大、燕大读书，后来都成了著名的作家、诗人、教授。季羡林同他们也经常聚会，除了谈天说地，褒贬文坛人事外，还一起拜访老师，看体育比赛，结伴游圆明园、颐和园，爬香山，进城看电影，听戏，购物，买书，下馆子，生活丰富多彩，生气勃勃。下面随意摘引几段季羡林当时的日记，读者可以从中窥见季羡林当时生活的真实面貌：

1932年10月28日：

早晨连上两班吴可读的课，真正要命已极，吴可读怎么能从Oxford（牛津大学）毕业呢？真笑天下之大话。

过午跑一千六百米，共四圈，因为缺少练习，跑到第二圈上就想下来，好歹携着两条重腿跑下来，头也晕，眼也花，也想吐，一切毛病全来。澡没洗好，就赶快回到屋里来，大睡。

又到民众学校上课。又难办，学生程度不齐，而设备又不够。

今晚我用所得稿费请客——肥鸭一只。

晚上同长之闲扯，我觉到他是从感情到理智进行着的，他不能写小说。然而他不服气。

同访杨丙辰，谈少顷即回屋。

预备法文。

1933年4月2日

今天同武、王、左登全、蔡淳专逛颐和园。

走了去，因为我去的次数比较多，我于是成了向导了。先上山，后逛排云殿，又坐船到龙王庙。逛的人非常多，但是总觉得没什么意思——尤其玉兰花不开，更令人失望。

不过，今天天气终归是太好了。没有太阳，也没有风。我穿了棉袍来，却糟了天下之糕——因为太热。

过午又去逛玉泉山。出颐和园，坐洋车。玉泉山军事训练时期（三星期）来过一趟，但没有能够上山顶，这次上了山顶了，而且还上了塔的最高顶——呵，just marvelous（英语：真不可思议），能够看到多远呵。你想，在山顶上再建上塔，够多高呢。

晚上我在合作社请客。

1933年6月4日

本预备今天进城，早晨天色阴沉，恐怕下雨，没能走。

吃午饭的时候，武、王、施三君忽然决定饭后徒步进城，我也赞成。于是开步——袜子前边破了，脚趾被摩擦，倍儿难过。顺着平绥路，走，走，走。天虽阴而沉闷，也热。到西直门刚上电车，便大雨倾盆，其势猛极。我想，倘若走慢一点，非淋在路上不行。到西单下电车的时候已经停了。

到老天利买了个景泰蓝的小瓶。

坐四点半汽车回校，雨又濛濛地下起来了。

1934年3月11日

早晨朦胧起来，天色阴沉，一问才知道已经快九点了——本来预备进城，仓促去洗脸，水管又不出水，兀的急煞人也么哥。赶到大门口，已经是最末一辆汽车了，同行有长之、吴组缃。天在下着细雨。

先到北大访虎文，据说到良王庄去了。同峻岑谈了谈，又赶回露薇家，同长之、组缃到新陆春应李健吾请，同桌有曹葆华等人，无甚意思。后同访杨丙辰先生。在杨处遇虎文，惊喜。他才从天津回来，谈了半天，又得了点Inspiration（灵感），赶汽车只长之一人上去，我没能得上，又折回市场同虎文谈了谈。七点回校。

——《清华园日记》

从以上几则日记中，既可窥见当年清华学子生活之一斑，又可看出青年季羡林朝气蓬勃、纯真可爱性格之一面。

但是，季羡林的大学生活并不总是阳光灿烂，天朗气清，惠风和畅，陶陶然乐在其中，他心中有“一本难念的经”。有时，在极乐之后，一阵愁思猛然袭上心头，令他顿感无边的寂寞和孤独。他写道：

我最近感到很孤独。我需要人的爱，但是谁能爱我呢？我需要人的了解，但是谁能了解我呢？我仿佛站在辽阔的沙漠里，听不到一点人声。“寂寞呀，寂寞呀！”我想到故乡的母亲。

季羡林的忧愁，不是“少年不知愁滋味，为赋新词强说愁”，而是在备尝愁滋味的痛苦之后撕心裂肺的忧愁。包办婚姻像无形的枷锁，套在他的身上，使他既不能从妻子那里得到爱和理解，又失去了爱别的女孩子和接受别的女孩子爱的权利。这对一个刚刚20出头、感情极其丰富的青年人来说，难道不感到寂寞和孤独吗？难道不感到愁苦凄凉吗？一个没有母爱，没有温暖，只有感恩回报义务的家，难道能给他带来欢乐和温馨吗？

所以他在日记里写道：“我近来对家庭感到十二分的烦恶，并不是昧良心的话。瞻望前途，不禁三叹。”尽管生活在清华园里，季羡林感到心旷神怡，如鱼得水，然而他内心深处会时时掠过一道暗影，令他黯然神伤。在这种情况下，唯一能慰藉他那颗寂寞孤独的心的，只有故乡的母亲。

命中注定，季羡林一生只能是一个心灵的孤独者。他将背负着个人感情生活的孤独感，踽踽独行，走完生命的历程。不论他后来事业怎样辉煌，地位怎样显赫，境遇怎样风光，也摆脱不了命运加在他身上的枷锁。

这是季羡林个人的悲剧，更是时代的悲剧。

文学青年

季羡林在大学期间，继续写作散文，相继写成了《枸杞树》《黄昏》《回忆》《年》《兔子》《母与子》《红》《寂寞》等十多篇，陆续发表在报刊上。他这时期的散文，已经脱去了中学时代的稚气，逐渐成熟。这些作品，显然受到西方散文的影响，同时也受到五四运动以来一些著名作家，特别是新月派作家的影响。浓郁的诗情画意，文笔细腻，内容隐晦含蓄，感情深沉，还带有些许感伤的情调。

季羡林当时虽然还是个20出头的大学生，但是，对文学和文坛，已经有相当的了解，而且有自己的主见。

他崇敬鲁迅，但对鲁迅，他有自己的看法："今天读鲁迅《二心集》。在这集里，鲁迅是左了。不过，《三闲集》的序是最近作的，对左边的颇有不满，仍是冷嘲热讽，这

集的文章在《三闲》序前，却称起同志来了，真叫人莫名其妙。”（1932年11月13日日记）

对胡适，他也一分为二：“听胡适之先生讲演。这还是第一次见胡先生……我总觉得胡先生（大不敬！）浅薄，无论读他的文字，听他的说话。但是，他的眼光远大，常站在时代前面我是承认的。我们看西洋，领导一派新思潮的人，自己的思想常常不深刻，胡先生也或者是这样罢。”（1932年10月13日日记）

在作家中，他喜欢沈从文、巴金、老舍、徐志摩等人的作品。

他对左翼作家是敬而远之的。他在1933年5月7日的日记中写道，“最近一写东西，就想普罗文艺批评家。自己很奇怪：在决定写小品文的时候，小品文还没被判决为有闲阶级的产品，现在却被判决了。自己想写小品文，但心中文仿佛怕被他们骂，自己不甘于写农村破产，不甘于瞪着眼睛造谣，但又觉得不那样写总要被人骂。被人骂有什么关系呢？我要的是永久的东西，但心里总在嘀咕着，我现在深深地感觉到左联作家的威胁”。

以上就是季羡林对当时文坛各派的看法。

那么，季羡林追求的文学理想究竟是什么样的呢？

他在1932年11月14日的日记中这样写道：

最近我才觉到我的兴趣是倾向象征的唯美的方面的。我在德国作家中喜欢Holderlin（荷尔德林），法国喜欢Verlaine（魏尔兰，法国象征派诗人），Baudelaire（波特莱尔，法国象征派诗歌先驱），英国Blake（布莱克，英国浪漫诗人），Keats（济慈，英国浪漫诗人）以至其他唯美派诗人。不过这些诗人的作品我读得并不很多，我所谓喜欢者大半都是By lntuition（直觉地）。然而即便，他们的天才总是能觉得到的。

我主张诗要有形式，与其说有metre（格律），有rhyme（韵律）。以前有一个时期，我曾主张内容重于形式，现在以为是不对的。散文（尤其是抒情的）不要内容吗？中国新诗人只有徐志摩试用metre。不过这在中国文是非常难的。不过无论难不难，中国诗总应当向这方面走。这是我所以对徐志摩有相当崇拜的，无论别人怎样骂他。我觉得诗之所以动人，一大部分是在它的音乐成分。本来拿文字来express（表达）感情是再笨不过的了。感情是虚无缥缈的，音乐也是虚无缥缈的。感情有natural harmony（自然和谐），音乐也有。所以——最少我以为——音乐表示感情是比文字好的。倘若不用文字，则无所谓诗了，没有办法的办法就是在诗里多加入音乐成分。

这就是当时的季羡林——一个22岁大学生的文学思想和对当时文坛的看法。无须作更多的分析，这些珍贵的日记，让我们对季羡林的文学观一目了然。整整七十年过去了，季羡林当时的文学观在今天看来，不论是正确还是错误，是深刻还是浮浅，是精辟还是幼稚，都让我们听到了当时一个文学青年真实的心声，而这种声音过去是很少听到的，这件事本身就十分有意义。何况，这些日记使我们对季羡林思想成长的历程有了更清晰的认识，对研究他后来的散文创作和文艺思想，无疑提供了重要的线索。

台北出版的《传记文学》杂志（2001年11月，第474期），其中有一篇谈到新月社的文章，并且提到了季羡林，不妨抄录一段，供读者参考：

1923年新月社在北京成立。先是以聚餐的形式出现，后来发展为俱乐部。参加的人有梁启超、胡适、徐志摩、丁西林、余上源、林徽因等。社名是由徐志摩依据泰戈尔诗集《新月集》而起的。其意在“它那纤弱一弯分明暗示着，怀抱着未来的圆满”。次年底，胡适、陈西滢、徐志摩建立“现代评论社”。1925年10月，徐志摩接编《晨报》副刊，撰稿人几乎都是新月社成员。北伐战争进入高潮，新月俱乐部宣告终止。

1927年春，原新月社的骨干，胡适、徐志摩、余上源等，筹办新月书店。1928年3月，创办《新月》月刊。

新月社活动从此正式开始。参加的成员还有罗隆基、梁实秋、潘光旦、储安平、刘英士、张禹九、闻一多、邵循美等人。

1931年11月，徐志摩机坠身亡，叶公超临危受命，接办新月后六期编务。他又联合文友创办《学文》，并参与朱光潜主编的《文学杂志》。为重振新月，提拔新人贡献力量。后来成名的钱锺书、季羡林、李广田、何其芳、卞之琳等，都是经过叶公超之手，借《新月》月刊《学文》扬名文坛的。

> 到1933年6月，《新月》杂志出刊四卷七期，宣告停刊，书店为商务印书馆接收。新月社宣告解散。

引文中，详细地叙述了新月社的始末，又谈到叶公超与新月社的关系，最后提到李羡林是叶公超“为重振新月提拔的新人”之一。这些背景，当年的季羡林恐怕是并不知晓的，当然不能据此便把季羡林归到新月社一派中去，因为当时季羡林还是个大学生，还谈不上哪个派的问题。但是，作为季羡林的业师，叶公超确实对季羡林的文学创作进行过指导，而且有过影响。季羡林在《也谈叶公超先生二三事》一文中写道：

> 在清华四年中，我同他（指叶公超——引者注）接触比较多。我早年的那一篇散文《年》，就是得到了他的垂青，推荐到《学文》上去发表的。他品评这篇文章时说：“你写的不仅仅是个人的感受，而是‘普遍的意识’（这是原话）。”我这篇散文的最后一句话是：“一切都交给命运去安排吧！”这就被当时的左派刊物抓住了辫子，大大地

嘲笑了一通没落的教授阶级垂死的哀鸣。我当时是一个穷学生，每月六元的伙食费还要靠故乡县衙门津贴，我哪里有资格代表什么没落的教授阶级呢？

不管怎样，我是非常感激公超先生的。我一生喜好舞文弄墨，年届耄耋，仍乐此不疲。这给我平淡枯燥的生活抹上了一点颜色，增添了点情趣，难道我能够忘记吗？在这里我要感谢两位老师：一个是高中时期的董秋芳（冬芬）先生；一个就是叶公超先生。

这一段插曲，可以视为上面介绍季羡林早期文学观的一点补充。

季羡林在清华大学四年中，专业成绩优秀。他的毕业论文是*The Eearly Poems of Holderlih*（《荷尔德林的早期诗》）。大学四年里，季羡林除了散文创作，还翻译了多篇外国名家的短篇小说。

『永久的悔』

1933年初秋，季羡林正在读大学三年级，突然传来噩耗，母亲在家乡病逝。闻讯后，他立刻从北平赶回官庄。他在火车里闷了一天，在长途汽车里又颠簸了一天以后，终于回到了八年未曾回过的故乡。当他跌跌撞撞地进了家门，看见母亲的棺材静静地端放在屋子中央，立刻扑向棺材，抚棺放声大哭起来。周围的人上来劝解，他丝毫不听，只是痛哭不止，一直哭到不知道自己在哭。

母亲的死，犹如晴天霹雳，对季羡林的打击实在太大了，并且成了他终生悔恨的一件事。

他从6岁离开母亲到济南叔叔家生活，中间只回过老家三次，都是奔丧，只在母亲身旁待了数日。而最后一次见到母亲，已是八年前的事了。现在回忆起来，连母亲的面影都是迷离模糊的，没有一个清晰的轮廓。尽管如此，在离开母亲的16年中，他无时无刻不在想念母亲。可是，寄人篱下的处境，使他身不由己，不能经常去看望母亲。他曾暗下决心，自己大学毕业以后，有了工作，立刻迎养母亲，可是，现在还没等他大学毕业，母亲便永远地去了，怎能不使他悔恨万分呢？

在等待下葬的日子里，他住在家里，守候在母亲棺旁，有时也到村子里走走。他“看见院子里的树上，有母亲亲手砍伐的痕迹，在被烟熏黑了的小厨房里，还有母亲死前吃剩的半个茄子，半棵葱。母亲吃饭用的饭碗，随时用的手巾，都留有母亲的手泽和口泽，地上每一块砖上都印有母亲的脚印，不觉热泪盈眶，失声痛哭起来”。夜里，他枕着母亲枕过的枕头，想到母亲在这枕头上想念儿子时，不知流过多少泪，不禁又泪流满面，泪水沾湿了枕头，彻夜难眠。

白天，他来到屋后的大水坑边，想到童年时在这里洗澡，摸鸭蛋，倘若摸到一个鸭蛋，便立即拿给母亲看的时候，母亲脸上便会露出难得的笑容。他又想起，因为自己偷吃了一块白面饼，被母亲在后面追赶着，当自己被逼得无路可逃跳进水里，回头看站在岸上的母亲时，母亲却因自己这过分的顽皮举动，笑了，自己也笑了……然而，这些美丽的回忆，随着母亲的死，都成了令人落泪的回忆。

他不断地责备自己。我究竟是个什么人？我为什么要离开母亲？为什么把母亲一个人扔在这荒僻穷困的村子里？为什么八年时间都没有来看望过母亲？他感到自己实在愧对母亲，无地自容。他狠狠地责骂自己："我是个什么东西？"

在这极端痛苦的日子里，他每天都在回忆、内疚、自责中度过。他感到，随着母亲的死，生活变得毫无意义，一切都变得空虚和冷漠了，心里说不出是什么滋味，只感到脑子里空荡荡的，一片空白。自己整日像行尸走肉般无目的地走来走去，不知道该做什么。

下葬的日子到了。别人给他穿上白布袍子。他迷迷糊糊地跟着一个人东走西走，跪下又起来，泪眼里看见来来往往的吊丧的人，感觉脑子有些麻木。突然，他看到一群人去抬起母亲的棺材，这时才醒悟：真的要和母亲永别了，顿时号啕大哭起来。

以前，母亲的棺材放在屋里，母亲虽然死了，但只隔着一层棺木躺在里面，他每日陪伴着母亲，心里还稍感安慰。现在母亲将要埋到永恒的黑暗的地下去了，他无论如何也不能接受这个事实。他想去阻拦抬棺的人，但人们把他拉开了。他糊里糊涂地跟在抬棺人群的后面走着，绕过了熟悉的大水坑，又走了长长的一段路，终于到了墓地。他又被拖着转了几个圈，然后是下葬，填土，地面上渐渐隆起了一个土包，他又被人拖回到家里……整个下葬的过程，他脑子里都是空虚和麻木的，没有思想，没有感觉，任人摆布。

当他清醒过来的时候，他看见的是一个改变了的世界。尘封的屋里，没有了黑亮的棺材，空空的，只有自己一个人。屋外小院里，残留在树上的一点浮翠也不知消失到哪里去了，墙头上的枯草在风中颤抖，阴沉的秋天的长空变得更黄，更黄。他心里感到无限的落寞和寂寥。

母亲下葬后的第二天，他便离开故乡返回北平。临行时，他回望官庄，“在云天苍茫中，触目的是长天下一片凄凉的黄雾……”

回到北平以后，他仍然日夜思念死去的母亲，常常在夜里醒来，失声痛哭，不能自已。

1933年12月24日，他在日记中写道：

晚上又想到母亲，又大哭失声，我真不了解，上天何以单给我这样的命运呢？我想到自杀。

1934年5月3日，他又在日记中写道：

因为想到王妈又想到自己的母亲。我真不明了整八年在短短一生里占多长时间，为什么我竟一次也没家去看看母亲呢？使她老人家含恨九泉，不能瞑目！呜呼，茫茫苍天，此恨何极？我哭了半夜，夜里失眠。

——《清华园日记》

六十年后，1994年，报社的编辑前来约稿，并且出了题目："永久的悔"。季羡林看了题目后说："题目出得好，我早就想写这样一篇文章了。"于是，他提笔写就《赋得永久的悔》这篇著名的散文，文中写道：

要讲后悔之事，那是俯拾皆是。要是其中最深切、最真实、最难忘的悔，也就是永久的悔，那也是唾手可得，因为它片刻也没有离开过我的心。

我这永久的悔就是：不该离开故乡，离开母亲。

……

有一次我回家听对面的宁大婶子告诉我说：

"你娘经常说：'早知道送出去回不来，我无论如何也不会放他走的！'"简短的一句话里面含着多少辛酸，多少悲伤啊！母亲不知有多少日日夜夜，眼望远方，盼望自己的儿子回来啊！然而这个儿子却始终没有归去，一直到母亲离开这个世界。

对于这个情况，我最初懵懵懂懂，理解得并不深刻。到了上高中的时候，自己大了几岁，逐渐理解了。但是自己寄人篱下，经济不能独立，空有雄心壮志，怎奈无法实现，我暗暗地下定了决心，立下誓愿：一旦大学毕业，自己找到工作，立即迎养母亲，然而没有等到我大学毕业，母亲就离开我走了，永远永远地走了。古人说："树欲静而风不止，子欲养而亲不待"，这话正应到我身上。我不忍想象母亲临终思念爱子的情况；一想到，我就会心肝俱裂，眼泪盈眶。当我从北平赶回济南，又从济南赶回清平奔丧的时候，看到母亲的棺材，看到那简陋的屋子，我真想一头撞死在棺材上，随母亲于地下。我后悔，我真后悔，我千不该万不该离开了母亲。世界上无论什么名誉，什么地位，什么幸福，什么尊荣，都比不上待在母亲身边，即使她一个字也不识，即使整天吃“红的”。

这就是我的“永久的悔”。

季羡林一生中，不知道写过多少篇怀念母亲的文章，也不知道有多少次在梦中同母亲见过面。他对母亲的爱超过对任何人的爱。他说过，母亲死后，他便再没有过真正的欢乐。他为自己未能侍养母亲而悔恨终生。直至2001年，90岁的季羡林回故乡给母亲扫墓，来到母亲墓前，百感交集，“扑通”一下便跪下去，眼泪夺眶而出，泪水滴到了眼前的香烛上。此刻，他“心中暗暗地说：‘娘啊！这恐怕是你儿子今生最后一次来给你扫墓了。将来我要睡在你的身边。’”（《故乡行》）

季羡林的爱母情结，成为他生命的重要部分，伴随他的一生。

告别母校

上大学期间，季羡林家境每况愈下。每年寒暑假回家，返校时筹集学费和膳费，便成了一件困难的事。清华是国立大学，花费不多，每学期学费40元。但这只是个形式，毕业时学校还要把收的学费如数退还给学生，供毕业旅行之用。学校不收宿费，膳费自理，每月六块大洋，顿顿有肉。

即使这样，季羡林的家庭也负担不起。好在他的家乡清平县，国立大学生只有他一个，被视为“县宝”，每年津贴50元，他还能写文章，得点稿费，家里的负担便可大大减轻。他就是在经济十分拮据的状况中，度过四年大学生活的。

1934年夏天，季羡林毕业了。戴上租来的学士帽照了一张相，结束了大学生活。

要和清华告别了，季羡林满怀深情，依依难舍。在清华的四年，是他一生中最愉快、最难忘的四年。清华园内永远生气勃勃，充满活力的生活，民主的气氛，科学的传统，求实的精神，师生的友谊，同学间的真情，使他永远难忘。清华园美丽的景色，更令他魂牵梦萦。

他在《梦萦水木清华》一文中写道，“至于清华园的景色，更是有口皆碑，而且四时不同：春则繁花烂漫，夏则藤影荷声，秋则枫叶似火，冬则白雪苍松。其他如西山紫气，荷塘月色，也令人忆念难忘”。他说：“对我来说，清华园这一幅母亲的形象，这一首美丽的诗，将在我要走的道路上永远伴随着我，永远占据着我的心灵。”

当时社会上流行一句话：“毕业即失业。”除了高官显宦、富商巨贾的子女，以及善于拍马钻营者，谁也不能例外。季羡林不属于上述三种人。他家境贫寒，生性木讷，自然也面临毕业即失业的问题。而此时家里正等待他来承担家庭经济重任，这更加重了他的精神压力。从大学三年级开始，他就为找工作四处奔波，结果一无所获。每当夜深人静时，一想到工作的事，他的脑袋就像开了锅，彻夜难眠，一筹莫展。

眼看就要到1934年夏天，要离开学校了，工作还是没有找到，他心里焦急万分。真是天无绝人之路，在这一时刻，幸运之神又降临了。他的母校济南省立高中校长宋还吾先生，托人邀他到母校去担任国文教员。月薪160元，是大学助教的一倍。他当然喜出望外，但心里也有些打鼓。自己是学西洋文学的，满脑子装的都是歌德、莎士比亚，一下子换成屈原、杜甫，换得过来吗？又听说，当时济南高中的学生很难对付，他的前任就是被学生赶下台的。自己不过是个大学毕业生，刚满23岁的毛头小伙子，能压住阵脚吗？他犹豫再三。可是暑假就在眼前，离校已成定局，已经没有回旋余地。最后，他咬了咬牙，横下一条心："你有勇气请，我就有勇气承担。"

于是在1934年秋天，季羡林成了高中国文教员。校长待他很好，同学生的关系也很融洽，但是却遭到同行的挤对。四个国文教员，教十二个班，每人教三个班。其他三位老教员每人教一个年级的三个班，而留给他的则是三个年级剩下的各一个班，备课要备三个年级的。这明明是给一个毫无教学经验的年轻人出难题、穿小鞋嘛！

可是，为了养家糊口，刚到手的饭碗无论如何是不能丢的，他只好忍气吞声。这一年的国文教员生活，收入虽然不错，心情却十分郁闷。再加上学校内的派系之争，使他进退维谷，处境艰难，他思忖：必须想法子离开这里。

就在这万般无奈之际，幸运之神再次降临了。母校清华大学同德国学术交换处（DAAD）签订了互派留学生的合同。他闻讯，喜极欲狂。立即写信报了名，结果被录取。这是冯友兰先生代表清华大学办的一件好事，为此，季羡林终身感谢他。

积年的愁云一扫而光，季羡林兴奋激动万分，眼前的一切仿佛都发出玫瑰色的光泽，比当年考上清华大学更令人激动。

可是，人是不能脱离现实的。季羡林当时面对的现实是：亲老，子幼，家贫。他又走到了人生的一个路口上。何去何从？难以决定。不向前走，则命定一辈子当高中国文教员，饭碗还不一定保得住；向前走，则会是另一番景象。“马前桃花马后雪，教人怎敢再回头？”

第三章　十年留德

辞亲去国

六七十年前，一股声势浩大的“留学热”弥漫全国，牵动着无数青年学子的心。其“热度”之高，绝不亚于今天。当时出国留学的动机，与今天相比较，有相同之处，也有不同之处。相同的是，一旦出国“镀金”，回国后立即身价百倍，名利双收。不管你是“克莱登”大学毕业还是“登莱克”大学毕业，只要你会说几句洋话，会侃几件洋事儿，国人都会对你奉若神明，奖誉有加，佩服得五体投地。政府、银行、大学、研究所，一切薪俸高、地位显赫的部门都会恭请你去任职。这一点，大家在钱锺书先生的《围城》中看得十分清楚。

不同之处是，当时出国留学，虽没有“海归派”之称，却是绝大多数要回国的。无论是出于爱国之心，爱家之心，或者其他什么心，总之，都是要回来的，终身滞留国外的人很少。至于尚未跨出国门，就暗下决心去拿人家的绿卡，或者梦想成为某籍华人的现象，则十分罕见。

当时出国留学的途径与今天大体相同：一个是私费，一个是官费。私费留学，只有高官巨贾、富贵人家的子女才能办到，这不必去说。官费留学又分两种：一种是全国性质的官费，比如留英庚款、留美庚款之类。所谓“留学庚款”，即英美等国家，利用退还部分庚子赔款的办法，资助中国青年出国留学。另一种是各省举办的官费留学。二者都要经过考试。这种官费名额极少，要想通过，真比骆驼穿针眼还困难。

以1935年为例：全国庚子赔款官费留学考试，各种学科总计录取名额，仅20余个，可见其难度之大。这种官费留学生的待遇十分优厚，可以在国外过十分舒适的生活。比如，赴德国留学的官费留学生，每月可领到800马克，是十分令人羡慕的。

季羡林赴德国留学，既非私费，亦非官费。他是属于“双方交换研究生”。即由清华大学与德国学术交换处签订一个合同，双方交换研究生。这种交换研究生，路费、置装费自己出，食宿费相互付给。中国方面付给德国来华研究生，每月三十块大洋。德国方面付给中国赴德研究生，每月120马克。这与官费生的800马克有天渊之别。120马克在当时的德国只够勉强支付食宿费用。

然而，不管经费多么微薄，前面还有多少困难，这次的留学机会，对季羡林来说，都是千载难逢的，是必须抓住的。机不可失，时不再来。

可是，家庭经济拮据，要凑齐昂贵的路费和置装费，是一件十分困难的事。这使他踌躇再三，一筹莫展。叔父本来是个连小官都算不上的公务员，平常日子，也是勉强糊口，此时已经失业。一年来，全家六口人，都靠季羡林在中学教书挣的每月160元过日子。如果他拔脚一走，全家人岂不断了炊。季羡林在狂喜之余，不由得忧心如焚，进退维谷。

出乎意料的是，当季羡林试着把留学的喜讯告诉家人时，却得到了叔父和全家人的支持。他们说：我们咬咬牙，过上两年紧日子，只要饿不死，就能有出头之日。季羡林心里很明白，几千年流传下来的衣锦还乡，光宗耀祖的思想仍然是家人对他的最大期望，科举制虽然取消了，科举思想在当时社会上依然流行。人们把小学毕业看作秀才，高中毕业看作举人，大学毕业看作进士，而留洋镀金则是翰林一流。在人们眼里，他已经是中了进士的人了，岂有不争翰林之理？家人的支持，反倒使他欲笑不能，欲哭无泪，酸、甜、苦、辣，不知是什么滋味了。

于是立即筹集路费和置装费，但季羡林一介书生，囊内空空，无论如何也付不出这笔费用。济南省立高中校长宋还吾先生是个热心肠的人，他主动提出，带季羡林去找当时的山东省教育厅长何思源帮忙。宋校长与何思源是北大同学，交情不错。他想，这点面子何思源定会给的。

没想到，当宋还吾先生带着季羡林谒见何思源时，他早已知道他们来的目的，还没等季羡林开口，便一口回绝了。季羡林从不愿意求人，碰到这样的情况，只好唯唯而退。事后，宋还吾先生责怪他太老实，不会说话。季羡林天生脸皮薄，不善应对。为别人说项尚可，为自己求情，总难启齿。这种性格与生俱来，一辈子也难改。此事只好作罢。

没有得到教育厅的资助，季羡林只好四处借贷，最后总算筹齐了路费。置装费对季羡林来说，也不是个小数。考虑到到了德国以后，不可能有余钱买衣服，在国内置装必须周全。他便拿出最后的一点余钱，又向朋友借了点，七拼八凑，勉强做了几身衣服，装了两大皮箱。长途万里的旅行准备算是完成了。

1935年8月1日，季羡林离家的日子到了。叔父、婶母、妻子，4岁的女儿婉如，牵着妻子的手；才出生几个月的儿子延宗，酣睡在妻子怀里，全家人送他到家门口。娇女和幼子，还不懂什么叫离别，笑着向父亲告别，但是叔父母和妻子是完全理解的，他们眼里噙着泪水。叔父默默地看着已经长大成人、前途无量的侄子，若有所思。

他在想什么？

他一定在想，18年前，自己把年仅6岁的侄子从官庄接到济南来读书，这个决定没有错。他多年来倾注在侄子身上的心血没有白费。他对得起他的兄弟，对得起季家的祖宗。这回侄子真的要成龙了。他没有流泪，而是内心充满自豪和骄傲。年轻的妻子，抱儿牵女，望着丈夫，眼里流出了泪水。她想说：看看这上有老，下有小的担子有多重。你一走，担子全压在我一个人身上。盼望你早日学成归来。

这完全是中国传统式的离别。没有过多的话语与激动的场面，然而在默默中，离愁别绪却似惊涛骇浪般在每一个人的心底汹涌翻滚。季羡林眼里含着泪，但没有流出来，硬把泪珠子强压在肚子里。他没敢多看亲人一眼，扭头就上了洋车，只有大门楼上残砖败瓦的影子在眼前一闪，留下了永恒的记忆。

在洋车里，季羡林心乱如麻，思绪万端。他留下的是一个破败的家，老亲，少妻，年幼的子女，他们今后的命运会怎样谁也不知道。自己的命运也同亲人们一样，万里投荒，前途一片茫茫。他在回忆这次离别时，曾说过如下一段话：

> 生离死别，古今同悲。江文通说："黯然销魂者，唯别而已矣。"他又说："割慈忍爱，离邦去里，沥泣共决，抆血相视。"我从前读《别赋》时只是欣赏它的文采，然而今天自己竟成了赋中人。此情此景实不足与外人道也。

季羡林乘火车到北平，办理出国手续。同行六人，都是此次考上"交换研究生"的清华同学，其中包括后来当过外交部部长的乔冠华。乔冠华是哲学系学生，比季羡林高两级。在校时，乔冠华经常腋下夹着一册又厚又大的德文版《黑格尔全集》，昂首阔步，旁若无人，徜徉于清华园中。因为不是同道，季羡林虽与乔冠华认识，但不熟悉。这次同被录取为交换研究生，才熟悉起来。当时北平没有外国领事馆，办理出国护照的签证，必须到天津去。于是季羡林和乔冠华一起乘火车赴天津，到俄、德两国领事馆去办签证。手续办完之后，他们又回到北平，只等出发。

季羡林是个知恩图报的人。在等待出国期间，他首先去拜访了冯友兰先生。因为是冯先生从中斡旋，中德交换研究生的合同才得以成功签订。其次是拜访了蒋廷黻先生。据说他在签订合同中，也出了力。蒋廷黻先生还恳切地劝他，德国是个法西斯国家，在那里一定要谨慎行事。季羡林对师长们的叮嘱表示十分感谢。他还拜见了景仰已久的闻一多先生。这是他第一次同闻一多先生见面，也是最后一次见面。等到十一年后，他回国时，闻一多先生已被国民党特务暗杀了，但是闻一多先生的形象却永远留在他的心中。

季羡林住在清华工字厅招待所等待行期。此时正值暑假，偌大一个清华园，静悄悄、空荡荡的，但风光更加旖旎。高树蔽天，浓荫匝地，花开绿丛，蝉鸣高枝，荷花迎风开放，西山紫气冉冉升腾。然而，风光虽美，季羡林的心中却感到无边的寂寞。仅仅在一年前，他还经常同吴组缃、林庚、李长之等好友，在这里海阔天空地畅谈，纵论天下大事，臧否古今人物。曾几何时，这一切都已成过去，如今只剩下他一人回到水木清华。睹物思人，对月兴叹，不禁感伤起来。

千里凉篷，天下没有不散的筵席。

终于到了启程的日子。

当时想到欧洲去，没有飞机，海路又费时又麻烦，最简便的路线就是走苏联的西伯利亚大铁路。六位留学生就是走这条路线赴德国去的。

1935年8月31日，朋友们把六位留学生送到前门火车站。一番祝福，一番叮嘱之后，火车开动了。再见了朋友们，再见了祖国。此时，季羡林脑海里忽然浮出一句古诗："万里投荒第一人。"可见其时他对前途一片茫然的心境。

火车到了山海关，停车办理了手续。交出三块大洋的"买路钱"，继续行驶。第二天早晨到了哈尔滨。在哈尔滨要停留几天，留学生们纷纷置办长途旅行的食物，因为餐车上的食品太贵，不是穷学生们吃得起的。每个人买了七八斤的大"裂巴"（俄式面包），一两根粗大的香肠，再加上几斤干奶酪和黄油，配上几个罐头，总共有四五十斤重，装在一个大篮子里。这就是每人在西伯利亚大铁路上八九天的全部食物。

1935年9月4日，六位留学生终于登上苏联的西伯利亚火车。车上的卧铺，每间四个铺位。六位留学生，住两间屋内，其中一间有两个铺位是别人睡的。火车奔驰在松嫩平原上，车外一望无际，只有草原，没有山，乍一看，像风平浪静的大海。季羡林感到自己仿佛是乘船在大海里漂荡。

赤都印象

第二天，车到满洲里。

火车停下来，接受苏联官员的检查。苏联官员视一切外国人为“可疑分子”，对每个外国旅客投以怀疑的目光。这使初次出国的季羡林心中甚为不快。检查行李之仔细，也大出他所料。连一把极其粗糙的铁水壶也要翻来覆去地看，又敲又打，怀疑其中有“夹壁墙”。季羡林年轻气盛，气愤得几乎要同苏联官员争吵。所幸旁边的一位外国老年朋友，拍了拍他的肩膀，用英语说了句Patience is the great virtue（“忍耐是大美德”），他才把怒气压下去。

检查完了，毫无所获。列车终于在横亘欧亚的西伯利亚大铁路上飞驶。一路上，六个阅世未深的二十三四岁的大孩子，从陌生到熟识，最后成了推心置腹的朋友。虽然八九天连续吃着大“裂巴”和香肠，吃得倒了胃口，难以下咽，但是由于每个人眼前都有一个美丽的梦，梦里铺满了玫瑰花，闪耀着彩虹，也就对眼前的这点困难毫不在乎，车厢里始终充满欢声笑语，其乐融融。

一转眼，就过去了八天。

1935年9月14日，车抵莫斯科。

莫斯科是当时唯一的社会主义国家的首都，是全世界革命者心中的圣地。即使像季羡林这样并非革命者的青年，对一睹莫斯科的风貌也是颇感兴趣的。但是他心里仍然有一点矛盾。原因是他本来就对蒙古国“独立”问题心存疑问，对当时苏联的做法很不理解。苏联当局为了让外国人（当然包括六位中国留学生）领略一下社会主义的优越性，洗一洗脑子，转变一下世界观，总要找出各种借口，让国外来的列车在莫斯科停上一两天，以便参观市容。

他们被送上一辆大轿车，到莫斯科市内观光。导游小姐的打扮首先让季羡林吃了一惊。她年轻貌美，白脸长身，穿着华贵，涂着口红，染着指甲，一身珠光宝气。这同季羡林想象中的“普罗”小姐完全不同，倒是和资产阶级小姐毫无二致。导游小姐用英语讲解。车子开到一个地方，眼前是一片破旧的大楼，导游小姐说，在第几个五年计划，这座楼将被拆掉，盖上新楼。车子到了另一个地方，她又说，第几个五年计划，这片地方将被拆掉，盖上新楼。如是，第三、第四、第五个地方，导游小姐说的仍然是那一套，只是神色更加冷漠，脸若冰霜。结果一座新楼也没看见。这使季羡林很失望，他质疑："这难道就是社会主义吗？"在莫斯科，他除了受到"五年计划"之类的教育外，别无所获，对这里的印象并不美好。

初抵柏林

经过十天十夜的长途跋涉，1935年9月16日早晨8点，火车终于到达德国首都柏林。这里是季羡林这次万里长途旅行的目的地。到达柏林意味着他旧的生命的结束，新的生命的开始。

初到柏林，刚走出火车站，他便感到一阵惶惑，既兴奋好奇，又忐忑不安。脚下踏着的分明是光滑的柏油路，却仿佛踏上了棉花一般。眼前飞动着汽车电车的影子，天空中交织着电线，大街小巷纵横交错。置身于高耸的楼房之中，漫步于宽敞清洁的长街上，自己宛如陷进了一片茫无涯际的大海之中。从当时落后的中国，一下子来到繁华的德国柏林，真有点乡下人进城的感觉。

清华老同学汪殿华和他的德国夫人，在夏洛滕堡区的魏玛大街，为季羡林找到了一间房子，房东名叫罗斯瑙。当时的德国人，不管是干什么工作的，一般来说住房都比较宽敞。有卧室、起居室、客厅、厨房、厕所，有的还有一间客房。在这些房间之外，如果还有余房，则往往出租给外地或外国大学生。出租的方式也很奇特。不是出租空房，而是出租房间里的一切东西。租赁者不需要带任何行李，连面巾、浴巾之类都不需要。

房间里所有服务工作，铺床叠被，给地板打蜡，都由女主人包办。房客的皮鞋，睡觉前脱下来，放在房门外面，第二天起床，女主人已经把鞋擦得闪光锃亮。这些工作，即使是教授夫人也要亲自下手，她们对此丝毫也没有什么下贱的感觉。德国人之爱干净，天下闻名。女主人一天到晚，擦这擦那，忙个不停。房间里窗明几净不必说了，连楼道也天天打蜡。楼外的人行道也天天打扫，而且用肥皂水洗刷，在地上打个滚儿，衣服都不会弄脏。室内室外，楼内楼外，任何地方都纤尘不染。这一切给季羡林留下了美好的印象。

曾经有人这样概括德国人的性格：守时，勤勉，节俭，忠诚，清廉。这样的概括不知道是否准确，但是有一点是可以肯定的，一个有着内驱力的民族，一个跌倒了还能够爬起来的民族，一定有一种内在的、稳定的东西在起作用。季羡林对德国人的最初印象是："德国人总的说来是很可爱的，很淳朴老实的。他们毫无油滑之气。有时候看起来甚至有些笨手笨脚，呆头呆脑。"季羡林的性格同德国人的性格，本来就有相似之处。他在德国生活了十年，与德国人朝夕相处，十分融洽，他自己也多少受到了他们的影响。

季羡林到柏林之后，首先要做的事是补习德文。虽然他在清华学过四年德语，而且得了八个"优"，但是到了德国还是张不开嘴。于是，他和乔冠华一起，参加了柏林大学外国留学生德语班，天天去上课。讲授德语的赫姆教授，是一位十分优秀的老师，令季羡林很敬佩。在日记里，他写道："教授名赫姆，真讲得太好了。我这是第一次听德文讲书，然而没有一句不能懂，并不是我的听的能力大，只是他说的太清楚了。"可见这位教授水平之高。季羡林到柏林后，天天同乔冠华一块儿听课，吃饭，访友，购书，游婉湖和动物园，形影不离。他俩很谈得来，有时闲谈到深夜，季羡林就睡在乔冠华的住处。他们同其他中国留学生没有多少共同语言，很少往来。

当时在柏林的中国留学生很多，因为赴德留学，回国后很吃香。许多大官和巨商都把子女送到德国留学，如蒋介石、宋子文、孔祥熙、冯玉祥、戴传贤、居正等人的子女或亲属都在德国留过学，而且几乎都聚集在柏林。这些“衙内”和纨绔子弟，大多只挂个留学生的名，根本不去听课。每天吃、喝、玩、乐，甚至嫖娼妓等。只要会说四句德语，就可以在柏林应付裕如。

每天早晨起来，见到房东说一声“早安”，就甩手离家。到一家中餐馆里，洗脸，吃早点，然后打几圈麻将，就到了午饭的时候。午饭后，提着照相机，相约出游。吃晚饭时回到饭馆。深夜回家，见到房东，说一声“晚安”，一天就过去了。再学上一句“谢谢”，一句“再见”，德语学习就算完成了。他们认为自己是“衙内”“少爷”，摆出一副狂傲自大、唯我独尊的神态，令人厌恶。

最让季羡林无法忍受的，是中国留学生在餐馆中的吃相。一次，他与乔冠华一起到一家中餐馆去吃饭。一进门，高声说话的声音，吸溜呼噜喝汤的声音，吃饭呱唧嘴的声音，碗筷碰盘子的声音，汇成一个大合奏，其势如暴风骤雨，迎面扑来，仿佛又回到了中国。欧洲人吃饭都是很安静的，喝汤决不许出声，吃饭呱唧嘴更是大忌。中国留学生把祖国的“国粹”带到万里之外的柏林，让德国人吃惊之余，嗤之以鼻，给中国人丢尽了脸。从此，季羡林和乔冠华再也不去中餐馆吃饭了。

对柏林中国留学生的印象，季羡林在1935年10月17日的日记里，曾经写过这样一段话：“在没有出国以前，我虽然也知道留学生的泄气，然而终究对他们存在着敬畏的观念，觉得他们终究有神圣的地方，尤其是德国留学生。然而现在自己也成了留学生了。在柏林看到不知有多少中国留学生，每人手里提着照相机，一脸满不在乎的神气。说话，不是怎样去跳舞，就是国内某某人做了科长了，某某人做了司长了。不客气地说，我简直还没有看到一个像样的‘人’。到今天我才真知道了留学生的真面目！”激愤之情，溢于言表。季羡林当时曾动过写一本《新留西外史》的念头，可惜他在柏林只待了一个多月，这部作品未能完成。

对当时一些纨绔子弟在国外的丑恶表现和恶劣影响，季羡林始终耿耿于怀。1946年，他回国后，还专门写过一篇短文——《论自费留学》。文中写道：“这些人物（纨绔子弟）最好都留在国内，当接收大员也可以，当什么什么专员也可以，无论什么都可以，只是不要出国，因为外国人没见过中国，只要看到一个中国人的举动，他们就会想到全中国的人都这样。难道我们就甘心让这些人到外国去代表四万万人宣扬中华民族的伟大么？”

这段话今天读起来确实有点幼稚，实际上不让这些“衙内”“公子”出国也是办不到的。但是季羡林这种“家丑不可外扬”的爱国痴情，却令人感动不已。当然，高官巨商们的子女，也并非清一色的纨绔子弟。如章士钊的儿子章用，就是一个正经的读书人。章用出身世家大族，书香名门，却没有一点纨绔气。他同季羡林后来成了莫逆之交。

中国自清末有了留学生这一特殊群体后，百余年来，无论留学东洋或西洋的，荒嬉者多，勤学者少；“镀金”者众，有成者寡，这已是一个不争的事实。中国留学生在国外的所作所为，总的说来，口碑并不甚佳，这也是事实。关于这方面的情况，人们从鲁迅、老舍、钱锺书诸位大师的作品中，即可窥出一二。因而，在当时的留学潮中，像季羡林这样，真心实意，不远万里，“舍身求法”的人，就愈显得难能可贵了。

大学城哥廷根

季羡林在柏林待了一个多月，最终被德国学术交换处分派到哥廷根大学去学习。1935年10月31日，他从柏林到了哥廷根。本来只打算在哥廷根读两年书便回国，没想到一住就是十年，住的时间之长，在他的一生中，仅次于济南和北京，哥廷根成了他的第二故乡。

哥廷根是个小城，人口只有十万，其中大学生占二三万人，是座名副其实的大学城。哥廷根大学已有几百年历史，为德国的学术作过极大贡献。小城里洋溢着文化和学术的气息，是一个学术乐园，一块文化净土。哥廷根素以风景秀丽闻名德国。东面山林密布，绿草如茵。冬天不冷，夏天不热，从来不刮大风，空气永远清新，天空永远透明。古代的城墙依然保留着，上面长满参天的橡树。街道洁净如洗，房子多是四五层的中世纪建筑，典雅，朴素，置身其中，仿佛又回到了中世纪。哥廷根除了一个剧院和几个电影院之外，任何消遣娱乐的设施都没有。哥廷根是一个读书的理想城市。季羡林一来到这里，便喜欢上了这座小城。

他住进了一对德国老夫妇的家里。房东姓欧朴尔，男主人是市政府的一个工程师，一个典型的德国人，老实得连话都不大肯说。女主人50多岁，是一个典型的德国家庭主妇，善良得像慈母一样。他们只有一个儿子，在外地上大学，于是就把儿子住的房间租给季羡林住。季羡林和两位老人晨昏相聚，成为这个家庭的一员，一住就是十年，从未搬过家。

到哥廷根的第二天，季羡林在日记中写道："我梦想，我在哥廷根，在这比较长一点的安定的生活里，我能读一点书，读点古代有过光荣而这光荣将永远不会消灭的文字。"从这段日记里可以看出，季羡林终于找到了一个理想的读书环境，而他希望研究的学问是"读一点古代有过光荣而这光荣将永远不会消灭的文字"。也就是说，此时，他对自己今后要走的道路已经明确，就是研究古代文字。不过，究竟研究哪一种古代文字，尚未确定。何况，这种"光荣将永远不会消灭"的古代文字很多，如希腊文、拉丁文、古埃及文、希伯来文、梵文、巴利文等，数不胜数。究竟学哪一种古代文字，还要视大学开设的课程而定。

这里需要简单介绍一下德国的大学。德国的大学是绝对自由的。只要中学毕业，无须经过考试，便可以想入哪所大学就入哪所大学。入学后，愿意读哪个系便读哪个系。愿意改系，随时可改。愿意选多少课，选什么课，悉听尊便。学文科的可以选医学，学工科的可以选文学。可以选一门，也可以选十门八门。上课时，愿意上就上，不愿意上可以走。迟到早退，完全自由。从来没有课堂考试。有的课开课时需要教授签字，这叫开课前的报到，学生就拿课程登记簿请教授签字。有的课结束时还需教授签字，这叫课程结束时的教授签字。

有的学生，初入大学时，一学年，甚至一学期换一所大学。经过几次转学，两三年后，选中了自己满意的大学，满意的学科，这时才安定下来，同教授接触，请求参加他的研究班。经过一两个研究班，师生互相了解了，教授认为孺子可教，才给博士论文题目。再经过几年努力，论文写完了，教授满意了，就举行论文口试答辩，及格后，就能拿到博士学位。

但是，博士学位并不是轻易能拿到的。德国教授要求十分严格，就连博士论文题目，教授也要反复考查学生，最后确认学生有能力完成，才会把题目给学生。在德国，是教授说了算，什么院长、校长、部长，都无权干涉教授的决定。如果一个学生不想写论文，或者写的论文通不过，那么，他可以十年八年地念下去，这就叫作“永恒的学生”。

攻读梵文、吐火罗文

季羡林就是在这种绝对自由的气氛中学习的。第一年，他选了希腊文，另外又选了许多课，每天上课六小时，还自学拉丁文。过了一段时间，他对学希腊文有些动摇，想改学古埃及文，又犹豫不决。正在彷徨之际，1936年的夏学期开始了。他偶尔走到大学教务处门外，逐一看各系各位教授开的课程表。

忽然眼前一亮，他看到了瓦尔德施米特教授开梵文的课程表，激动万分，这正是他多年来梦寐以求而又求之不得的课啊！在清华读书时，他曾旁听过陈寅恪先生的“佛经翻译文学”课，当时就动过学梵文的念头，但是因为国内无人能开此课而无法实现。现在真是天遂人愿，“得来全不费工夫”。他立即决定：选学梵文。他在日记里写道，他学梵文的动因是："中国文化受印度文化影响太大了。我要对中印文化关系彻底研究一下。"可见他当时选择学梵文是经过深思熟虑后的一种理性选择。

决心既下，1936年开始，他便选了梵文为主修课程。5月26日，他到高斯–韦伯楼梵文研究所去上第一堂梵文课。瓦尔德施米特教授走了进来，他看上去非常年轻，也就三十七八岁。他是柏林大学梵学大师海因里希·吕德斯的学生，是研究中国新疆出土的梵文佛经残卷的专家。他虽然年轻，但已经在世界梵文学界颇有名声。选梵文课的只有季羡林一个学生，还是个外国人。季羡林开始时有些担心，怕教授宣布不开课。因为当时国内外有些大学规定：如果只有一名学生选课，教授可以宣布此课停开。瓦尔德施米特教授不但没有宣布课程停开，而且满面笑容地同他寒暄了几句，然后就正式讲起课来。

尽管只有一个学生听课，瓦尔德施米特教授仍然认真严肃地讲课，一直讲到下午四点才结束。这是季羡林与瓦尔德施米特教授的初次见面。从此，他终于找到了一生要走的道路，也找到了一位最理想的引路人。在后来的十年里，他受到瓦尔德施米特教授的严格训练，悉心传授，获得了博士学位，并且发表了几篇轰动世界梵文学界的论文，他自己也成了一位世界知名的梵学大师。季羡林永远感激这位德国恩师，称他为“博士父亲”。

瓦尔德施米特教授的教学法是典型的德国教学方法。第一堂先教字母读音，以后的“语音”“词形变化”等，就一律不再讲解，全由学生自己去阅读。每次上课，只读附在书后的练习例句。学生先念梵文，然后译成德文，教授从旁帮助改正。这种讲授外语的方法，让学生一下子就跟外语实际接触，比那种无休止地分析词法、语法的方法效果要好得多。但是，这种方法对学生要求极高。上两个小时的课，学生要费上两天时间准备。这里顺便插一句话。季羡林回国后，用这种教学法教中国学生学梵文，同样收到很好的效果。可是在“文化大革命”中，却被斥为“法西斯的野蛮教学法”，受到批判，这也算是个笑话。

每周两小时的梵文课，转瞬即逝，到1936年6月30日，不到40天的时间，一个夏学期就过去了，季羡林竟把《梵文基础读本》的练习都念完了，一套十分复杂的梵文文法也学完了。1936—1937年的冬学期，他继续学梵文。念的课文是印度大史诗《摩诃婆罗多》中的一个故事《那罗传》。梵文是现在世界上已知的语言中语法最复杂的古代语言，形态变化极为丰富。对一般人来说，实在是一种很难读通的语言。

季羡林暗下决心，一定要跳过这座“龙门”。每天早晨，他在房东家吃早餐，一壶茶，两片面包。吃完就步行穿过小城，到梵文研究所去读书。午饭在食堂或小饭馆里随便吃一点东西，吃完仍然回到梵文研究所看书，从来不睡午觉。晚上回家，女房东欧朴尔太太了解到中国人喜欢吃热饭，就把他们中午吃的热餐给他留一份，这是他一天中吃上的唯一的一顿热汤热菜。因为德国人晚餐是吃凉面包、香肠和干奶酪的。季羡林像苦行僧一样地生活，废寝忘食地苦读，成绩自然十分优异，得到老师的好评。

原定的留学期限是两年，但季羡林仍然希望拿到博士学位。按德国的规定，考博士必须读三个系：一个主系，两个副系。季羡林选的主系是梵文。两个副系，分别是英国语言文学和斯拉夫语言学。但斯拉夫语言学，不能只学一门俄语，于是又加一门南斯拉夫文。这样，加起来同时要学四门外语：梵文、英文、俄文、南斯拉夫文，其负担之重可想而知。如果要想省点事，也是办得到的。譬如，选一门汉文或与中国有关的学科作为副系，就不用费事了，而且也是允许的。有一些中国留学生就是这样做的。

有一位中国留学生便选了中国文学作为副系。当博士论文答辩时，德国教授问他：杜甫与莎士比亚，哪一位更早一些。这位留学生想了想，说：莎士比亚比杜甫更早。教授听后说：下面的问题不必再问了，你落第了。这不是笑话，而是真事。直至今天，还有不少中国留学生在国外攻读中国文学之类的专业，也是众所周知的事。

季羡林出国前就立过誓，决不写有关中国的博士论文。鲁迅先生曾说过，有的中国留学生在国外用老子与庄子谋得了博士头衔，令洋人大吃一惊；然而回国后讲的却是康德、黑格尔，又令国人大吃一惊。季羡林鄙薄这种博士，决不步他们的后尘。

他每天往返于欧朴尔家与梵文研究所之间，除了吃饭，睡觉，就是同四门外语拼命。生活极其单调，乏味，但季羡林却乐在其中。主要精力当然是用在学梵文和巴利文上。梵文班从第二学期开始，来了两个德国学生：一个是历史系的学生，一个是一位乡村牧师。前者在季羡林来德国前，已经跟西克教授学过几个学期梵文，是位老学生了。

季羡林开始时对他肃然起敬。然而，过了不久，季羡林就发现他学习梵文很吃力。尽管他在中学时就学过希腊文和拉丁文，又懂英文和法文，但是对付这个语法规则烦琐到匪夷所思程度的梵文，他却束手无策。在课堂上，只要老师一问，他就眼睛发直，张口结舌，说不出话来。瓦尔德施米特教授并不是脾气很好的人，他一生气，这位老学生就更加不知所措，常常使课堂气氛变得十分紧张。一直到第二次世界大战爆发，这位老学生被征从军，也没有征服梵文。可见学习梵文是一件非常困难的事情。

转眼间，到了1937年，季羡林的交换期快满了，是该回国的时候了。然而，国内爆发了七七事变，随即，抗日战争全面展开。不久，他的家乡济南就被日寇占领。他的退路断了，有家难归，只好暂时死了回国这条心。可是，交换期满后，他就不能再从德国方面领取每月120马克的生活费，眼看生活就没有了着落。在这进退维谷的时刻，幸运之神又降临了。

哥廷根大学汉学研究所所长古斯塔夫·哈隆教授得知他的情况后，主动找上门来，请他担任汉学研究所的汉文讲师，教德国学生学汉语。这样他便可以得到一些课时费，解决生计问题。这使季羡林大喜过望，十分感谢。从此，季羡林便一面任汉学讲师，一面继续攻读梵文。

从第五学期起，他就进入了瓦尔德施米特教授指导的“讨论班”，读中国新疆出土的梵文佛经残卷。这是瓦尔德施米特教授的拿手好戏，他是这方面的权威。第六学期开始，瓦尔德施米特教授就同季羡林商量博士论文题目。季羡林直率地告诉他，论文题目决不能同中国有任何牵连，这引得瓦尔德施米特教授大笑起来。

瓦尔德施米特教授问道："那么，你的兴趣何在？"

季羡林回答："希望研究佛典梵语的语法。"

因为早期佛典有许多是用"混合梵文"写成的。所谓"混合梵文"，即在纯粹的古典梵文中，掺杂了许多方言成分。这些方言分布在印度的东部、西部、西北部等不同地区。通过对这种混合梵文语法现象的研究，便可以探求一部佛典的原产地，这对印度佛教史的研究有重要意义。他同老师商量后，最后确定，论文题目为：《〈大事〉中伽陀部分限定动词的变化》。

《大事》是一部分量非常大的混合梵文佛典。全书用散文和诗歌混合写成，诗歌部分称"伽陀"。在"伽陀"部分中，保留原来的方言成分较多。这就是确定这个论文题目的缘由。从此，季羡林在上课和教课之余，利用一切时间，啃那厚厚的三大册《大事》，准备博士论文。

1939年，瓦尔德施米特教授被征从军，已经退休的西克教授，在垂暮之年出来代替他上课。西克教授是著名的梵文大师，又是世界上仅有的几位读通了吐火罗文的大师之一。西克教授第一次上课时，就郑重宣布：他要把毕生的专长学问，传授给季羡林这位异邦的青年。在西克教授代课的三个学期中，他确实把他最擅长的印度古代诗歌集《梨俱吠陀》、印度古典语法《大疏》和吐火罗文，手把手教给了季羡林。这位德高望重的德国教授，毫无私心，视学术“为天下之公器”，希望把自己的绝学传授给季羡林，让印度学和吐火罗文在中国生根开花，其崇高的品德令人敬佩。

关于吐火罗文需要作一点简要的解释。因为一般人对这种文字不了解，而季羡林的学术成就中，吐火罗文研究是一个重要的方面。

一百多年前，世界上还没有人知道吐火罗语言和吐火罗文字这件事。一个偶然的机缘，才使这种已经湮灭了一千多年的中亚古代文字重见天日。1890年，有两个新疆维吾尔族人，在库木图拉附近的一座塔中找到了一摞桦树皮，上面有用手抄的经卷。他们把这个卖给了当时在库车停留的英国少尉Bower。这个英国少尉又把这批东西转交给加尔各答亚洲学会。在第二年，学会的语言秘书Hoernle发表了一篇有关这些文字的报告，立即引起了极大的轰动。因为这一摞手抄本是用笈多文字写成的，来源于印度西北部，年代是4世纪后半叶。而在印度西北部和尼泊尔保存的手抄本，最古老的也不过到11世纪初叶。这一发现，大大提高了世界学术界研究新疆的兴趣。

1892年春天，法国游人Dutreuil de Rhins在和阗又得到了三本长方形的小册子，送到巴黎。1897年，法国学者Senart将其在巴黎召开的国际东方学会上展示出来，又引起了强烈反响。这个手抄本是写在桦树皮上的，用的是佉卢字母，年代是公元2世纪，内容是《法句经》。语言是古代印度西北方言，现定名为犍陀罗文。在新疆陆续发现古代文字典籍后，19世纪末20世纪初这一时期，各国对新疆的探索兴趣更加高昂。于是，俄国、英国、德国、法国、日本等国，争先恐后地派出考察队，到新疆发掘。其中就包括英国人斯坦因、法国人伯希和，他们从王道士手中买走大批敦煌石室中贮藏的珍贵典籍文物。

而中国当时由于外患内乱，对此无暇顾及，致使大量珍贵文物典籍被外国人从新疆运走，从而形成了所谓“文物典籍出自中国，而研究却在国外”的尴尬局面。一直到1927年，中国才有人参加新疆考察队，进行考古发掘活动。可是为时已晚，价值连城的珍宝已荡然无存，剩下的只是些残砖片瓦。这些被运走的收获物中，主要包括手抄卷和文物：雕塑、壁画、古代遗物、丝、丝织品、古代货币、纸张等。所有能运走的，都运走了。不能运走的，则临摹、拍照。现在这些东西充斥圣彼得堡、伦敦、牛津、剑桥、加尔各答、巴黎、东京、京都等地的图书馆和博物馆。

这是人类文化史上最重大的一次发现，对研究东西方哲学、宗教、文学、语言、历史、地理、民俗、考古、艺术、音乐、天文、历算等方面，都有着极其重要的意义。

新疆出土的古代文字残卷，都是用各种书写工具写在棕榈叶、桦树皮、木板、竹子、皮革、丝绸、纸等上面的。书写的字母多种多样，有婆罗米字母、笈多字母、佉卢字母、窣利字母等。用这种字母拼写成的语言，也是多种多样，有梵语、印度古代俗语、于阗语、窣利语、回鹘语，还有吐火罗语A（焉耆语）、吐火罗语B（龟兹语）等等。用这些文字写成的典籍，内容包括：佛经、文学作品、政府文书、旅行执照等。至于汉文典籍，则占敦煌石室藏书的绝大部分。它们对中国文化史、文学史、哲学史、小说史、经学史、经济史、宗教史、政治史、音乐史、绘画史、雕塑史、建筑史等方面的研究，有极其重要的意义。

现在单说西克教授要传授给季羡林的吐火罗语。这种语言是用印度波罗米字母中亚斜体来拼写的。它属于印度欧罗巴语系。这种语言又分两个方言：当年流行在焉耆地区的称为吐火罗文A，流行在龟兹地区的称为吐火罗文B。发现吐火罗文残卷时，世界上没有人能读懂这种文字。

正是西克教授和西克灵教授，再加上柏林大学印欧语系比较语言学教授舒尔策，三位德国学者通力合作，费了二十年工夫，才把这种被认为是“天书”的文字读通。直到1930年，一册皇皇巨著《吐火罗文文法》才正式出版。实际上，《吐火罗文文法》主要是讲吐火罗文A的文法，当时对吐火罗文B还没有通读。直到1952年，世界上第一部《西吐火罗文文法》（吐火罗文B）才由另一位德国学者W·Krause写成出版。

吐火罗文的发现和读通，在世界语言学界，特别是在印欧语系比较语言学界，是一件石破天惊的大事。吐火罗文的发现，使印欧语系这个大家庭增添了一个新成员，而且不是一般成员。它给这个大家庭带来了许多新的问题，还牵涉到民族迁移的问题，在新疆发现的古代印欧人的尸体，就是一例。它当然引起了有关学者的极大关注。

西克教授提出要给季羡林讲吐火罗文，季羡林当时是十分矛盾的。他在《留德十年》中写道：

说句老实话，我到哥廷根以前，没有听过什么吐火罗文。到了哥廷根以后，读通了吐火罗文的大师西克教授就在眼前，我还没有想到学吐火罗文。原因其实很简单。我要学三个系，已经选了那么多课程，学了那么多种语言，已经是超负荷了。我是有自知之明的（有时候我觉得过了头），我学习外语的才能不能说一点没有，但是绝非语言天才。我不敢在超负荷上再超负荷。而且我还想到，我是中国人，到了外国，我就代表中国。我学习砸了锅，丢个人的脸是小事，丢国家的脸却是大事，决不能掉以轻心。因此我警告自己：自己的摊子已经铺得够大了，决不能再扩大。这就是我当时的想法。

可是，西克教授是一位非常诚挚认真的老人。他提出要教季羡林吐火罗文，丝毫没有征询意见的意思。他提出了意见，不容季羡林考虑，就马上安排上课。季羡林被西克教授的真情实意深深地感动了，除了感激之外，他还能说什么呢？于是，他横下一条心，扩大了自己的摊子。在自己已经塞满各种稀奇古怪文字的脑袋里，再塞进一种古怪的文字。需要说明的是，学习吐火罗文，既非考博士学位需要学的课程，又非大学课程表中开列的课程，完全是西克教授出于一片好心，额外开的一门课。这样一来，季羡林便需要同时与五门外语拼命了。他就是在这种盛情难却，“舍命陪君子”的复杂心情下，开始学习吐火罗文的。

吐火罗文是一种十分难懂的文字，而且参考书只有两本：一本是西克教授和西克灵教授合著的《吐火罗文残卷》拉丁文字母转写本，另一本是他们和舒尔策教授三人合著的《吐火罗文文法》。西克教授的教学法同其他德国教授的方法一样，既不讲语法，也不教婆罗米字母。上来就念原文。

首先念的是《吐火罗文残卷》的前几张。而吐火罗文残卷在新疆出土时，每一张的一头都有被烧的痕迹。焚烧的面积有大有小，没有一张是完整的，甚至没有一行是完整的。读这样的残卷，其困难可想而知。读了不久，季羡林就发现，这里面讲的故事，就是中国《大藏经》中的《福力太子因缘经》中讲的故事。他把这一发现告诉了西克教授。西克教授大为惊喜，立刻让季羡林把这段汉文《大藏经》翻译成德文。两个本子相比较，对了解吐火罗文原文有了极大的帮助。

每次听完西克教授的课，季羡林都要送西克教授回家。在冬日黄昏的长街上，季羡林搀扶着像祖父一样的恩师，小心翼翼地走在雪地上，脚下发出吱吱的声音。一直把西克教授送到家，看他进了大门，他才转身回家。

季羡林回国后，由于资料和条件限制，长时期没能从事吐火罗文的研究，内心总感到辜负了恩师的期望。幸而到了20世纪80年代，新疆博物馆的李遇春先生亲自把20世纪70年代在新疆出土的44张88页用婆罗米字母写成的吐火罗文A残卷送来，请季羡林解读。季羡林赶紧把尘封多年的吐火罗文资料和书籍翻出来，重理旧业，很快就用汉文和英文完成了吐火罗文A《弥勒会见记剧本》的转写、翻译和注释本。1998年，季羡林著的该书英译本在德国出版。这是世界上第一部，也是规模颇大的吐火罗文作品的英译本。它发表后，在西方学术界引起了轰动。

西克教授早在20世纪50年代去世。季羡林对恩师的情意永志不忘。在完成了《弥勒会见记剧本》的工作后，他写道："我心里感到了很大的安慰，我可以告慰恩师在天之灵了。"

五年磨一剑

现在再来谈一谈，季羡林博士论文的情况。

季羡林自从拿到了有关佛教梵语的论文题目以后，就开始悉心准备。他用了三年的时间，搜集资料，写成卡片，又到处搜寻有关图书，翻阅书籍和杂志，看了一百多种书刊。然后整理资料，使之条理化、系统化，再写出提纲，最后写成论文。

论文写好以后，季羡林心里琢磨，怎样才能在瓦尔德施米特教授面前露一手儿呢？他觉得那几千张卡片虽然抄写得好像蜜蜂采蜜一样，极为辛苦，然而却是干巴巴的，没有什么文采，或者说无法表现文采。于是他便想在论文一开始就写上一篇“导言”，这样既能炫耀自己的学问，又能表现文采。越想越觉得这是一个绝妙的主意。于是他又费了几个月的时间，写成了一篇相当长的“导言”。写完后，季羡林自我感觉良好，心里美滋滋的，认为瓦尔德施米特教授一定会大为欣赏，说不定还会夸自己几句呢。

季羡林先把“导言”送给瓦尔德施米特教授看，然后回到家里做着美梦。他等呀，等呀，等了好多天，终于等到瓦尔德施米特教授要见他的通知。他满心欢喜，怀着走上领奖台的心情，见到了瓦尔德施米特教授。然而实际情况却使季羡林大吃一惊。他的“导言”被摊开放在桌子上，瓦尔德施米特教授拿起钢笔来，在他的“导言”前面画上了一个前括号，又在最后画上了一个后括号，笑着对他说：“这篇导言统统不要！你这里面全是华而不实的空话，一点新东西也没有！别人要攻击你，到处都是暴露点，一点防御也没有！”

瓦尔德施米特教授的话，对季羡林来说，真如晴天霹雳，打得他一时瞠目结舌，说不出话来。但是，季羡林仔细想了想瓦尔德施米特教授的话，深深地感到教授说得对，击中了自己的要害，这一棍打得好。从此以后，季羡林没有新意决不写文章。他的每篇文章都是闪光的金子，没有一篇是垃圾。瓦尔德施米特教授的话让他毕生受用不尽。

又经过一年的修改，1940年，论文《〈大事〉中伽陀部分限定动词的变化》终于完成，只等口试答辩。

1940年9月13日，论文打完。10月9日，季羡林把论文交给文学院长。12月23日口试。23日这天，他的心情万分紧张，四年的辛苦，成败就在此一举了。他在当天的日记里写道：

> 早晨五点就醒来，心里只是想到口试，再也睡不着。七点起来，吃过早点，又胡乱看了一阵书，心里极慌。
>
> 九点半到大学办公处去。走在路上，像待决的囚徒。十点多开始口试。
>
> Prof.Waldschmidt（瓦尔德施米特教授）先问，只有Prof.Deichgräber（戴希格雷贝尔教授）坐在旁边。Prof.Braun（布劳恩教授）随后才去。主科进行得异常顺利。但是Prof.Braun开始问的时候，他让我预备的全没问到。我心里大慌。他的问题极简单，简直可以说是常识。但我还是不能思维，颇呈慌张之相。

季羡林考试考了一辈子，身经百战，从未失败过，可谓久经考场的老手。没想到这最后一次考试时，竟会如此慌张，可见当时的思想压力有多大。

第二天，仍然没有考试结果的消息。这一天，他寝食难安，心乱如麻，度日如年。他在这天的日记里写道：

> 心绪极乱。自己的论文不但Prof.Sieg、Prof. Waldschmidt认为极好，就连Prof.Krause也认为难得，满以为可以作一个很好的考试；但昨天俄文口试实在不佳。我所知道的他全不问，问的全非我所预备的。到现在想起来，心里极难过。

这可以说是昨天情绪的余波。但是当天晚上，情况就出现了戏剧性的变化。这天晚上正好是圣诞节前夜——平安夜。他又在日记中写道：

> 七点前到Prof.Waldschmidt家去，他请我过节（羡林注：圣诞节）。飘着雪花，但不冷。走在路上，心里只是想到昨天考试的结果，我一定要问一问。一进门，他就向我恭喜，说我的论文是sehr gut（优），印度学（Indologie）是sehr gut，斯拉夫语言也是sehr gut。这实在出我意料，心里对Prof.

Braun发生了无穷的感激。

他的儿子先拉提琴，随后吃饭。吃完把圣诞树上的蜡烛都点上，喝酒，吃点心，胡乱谈一气。十点半回家，心里仍然想到考试的事情。

季羡林博士论文及其他两门课都获得了“优”，英文口试由于勒德尔教授当时有病，未能考成，一个多月后，1941年2月19日，勒德尔教授病愈，补试英文口试，又得了一个sehr gut。论文加英文口试，季羡林共得了四个“优”。博士考试的一幕，就这样顺利地结束了。季羡林当时的心情是怎样的呢？他写道：“我没有给中国人丢脸，可以告慰亲爱的祖国，也可以告慰母亲在天之灵了。”其爱国家、爱母亲的拳拳之心，令人十分感动。

季羡林的博士论文，在当时颇引起了一阵不小的轰动。蜚声世界的比较语言学家克劳泽教授，让人把季羡林的博士论文读给他听。当他听到关于语尾“—matha”的一段附录时，大为惊喜，连声说：“这是一个了不起的发现！”原来同样或者类似的词尾在古代希腊文中也有。一个西方的希腊，一个东方的印度，相距万里，而竟有同样的词尾，这种偶合对研究印欧语系比较语言学有突破性的意义。克劳泽教授对季羡林这一发现赞不绝口，逢人便说这件事，使整个东方研究所的学者们，都对季羡林称赞不已。

英文口试通过以后，季羡林的博士学位便拿到了手。但是，论文的事儿还没有完。瓦尔德施米特教授让他把论文从头到尾认真核对一遍。这可不是一般的校对清样，而是要首先核对从卡片上抄别人论文的篇、章、字、句；再核对所有引用过的书籍、报纸、杂志。要知道，在三年内，季羡林从大学图书馆，甚至从柏林的普鲁士图书馆，借阅过大量的书籍和报刊搜集资料，已经耗费了大量的时间，这些书刊早已经还给图书馆了。现在又要把这些书刊，一本一本地借出来，再一本一本地查，把论文中引用过的大量文章重新核对一遍，不能发生任何一点错误。

季羡林在查阅资料时，就感到太烦琐，心里十分烦腻。现在又要再来一遍，心里要多腻味有多腻味。然而老师的教导不能不遵行。他只好硬着头皮，耐着性子，又来了一遍。

后来季羡林发现，德国学者写好文章或书稿，在读校样的时候都是这样做的。有时候一个研究室的人，大家都参加看校样的工作。每人一份校样，也可以协议分工。德国人就是以这种一丝不苟的精神和集体的力量，来保证著作不出错的。德国书中错误之少，举世闻名。德国人的敬业精神，使季羡林大受感动。从此以后，季羡林写文章也每引必查，一丝不苟。季羡林的著作，错误之少，也是有口皆碑的。

1941年，季羡林的博士论文终于核对完毕，并在德国的学术刊物上发表，引起了不小的轰动。这篇论文共历五年时间。

纳粹梦魇

1939年9月1日，德国进攻东邻波兰，第二次世界大战终于爆发。实际上从1937年开始，希特勒政权便开始蚕食周边的小国。德国的宣传机器却颠倒黑白，反诬邻国挑起争端，竟无耻地说他们派兵是去“抵抗”侵略。可事实是怎样的呢？自然是德国最终占领了邻国的大片领土。德国法西斯的名言：“谎言说上一千遍，就变成真理。”这句话也并非全无道理。当时的德国，广播里天天声嘶力竭地叫喊，报刊上连篇累牍地煽动，使政治上幼稚的德国人激动起来了，他们如疯似狂地山呼“万岁”。绝大部分德国人当时都是希特勒的支持者，只有极少数人保持清醒的头脑。

1941年6月22日，德国开始进攻苏联。战争继续扩大。一贯平静沉稳的德国人，又震动起来了，全国上下欢呼，闹得沸反盈天。季羡林对法西斯这一套本来就十分憎恶。1935年刚到柏林时，纳粹味还不太浓，但万字旗和希特勒像随处可见。人们见面时，已不像过去那样道一声“早安”“午安”“晚安”，分手时说一声“再见”，而是右手一举，高喊一声：“希特勒万岁！”便能表示一切。中国留学生不管这一套，还是说着自己的“早安”“再见”等。德国人看他们是外国人，也就不以为意。双方各行其是，互不干扰。

按照希特勒《我的奋斗》的观点，犹太人和中国人都被列入劣等民族行列，都是人类文化的破坏者；只有金黄头发的欧洲“北方人”，才是优秀民族，才是人类文化的创造者。虽然如此，季羡林在德国生活期间，与普通的德国人相处，却从未受到过什么歧视和迫害。可见，希特勒那套理论只有盖世太保和冲锋队员才相信，普通老百姓其实并不真相信。

在与德国老师、同学、朋友接触时，大家闭口不谈政治，彼此相处融洽。但是，只要一听“特别广播”，季羡林的神经就极度紧张起来，气愤得浑身发抖。无可奈何时，就用双手堵住耳朵；然而稍一松手，广播喇叭就又在耳旁怪叫起来，使他心中热血沸腾，直冲脑海，晚上需要加倍吃安眠药才能入睡。

季羡林在日记里写道："住下去，恐怕不久就会进疯人院。"有一位法官，一位医科大学学生和伯恩克一家母女二人，都是反对希特勒的德国人。季羡林有时到他们家拜访，便一起痛骂法西斯，发泄一下满腹的牢骚。有时几个中国留学生相约去山上林中散步，在林深无人之处，大家都无所顾忌地放言高论，痛斥希特勒。胸中郁垒，一朝涤尽，然后高高兴兴起身走回寓所。

战争进行了一两年后，盟军开始反击，大轰炸开始了。最初英美飞机只在柏林等大城市实行"地毯式轰炸"，把这些城市炸成一片废墟，居民死伤无数。不久，就连哥廷根这样的小城市也不能幸免了。哥廷根市的警报声一响，全城的人便都赶快往地下室里钻。

有一夜，英国飞机来袭，季羡林懒得起床去地下室，仍然在屋中拥被高卧，无动于衷。后来，听到炸弹声就在不远处，楼上的窗户已被震碎，眼看情况不妙，他才连忙下楼，躲进了地下室。在地下室里，大家都饥寒交迫，心惊胆战，耳听着全城震声冲天，地动山摇。到了后来，英国飞机几乎天天来轰炸，跑地下室已跑不胜跑。于是季羡林和几个留学生，干脆每天早餐后，带着装满稿子的皮包，走到山里去躲避空袭。

同轰炸相随而来的便是饥饿。季羡林初到德国时，各种供应十分充足，每天都可以吃到牛奶、面包、黄油、火腿、鸡蛋、水果等。但是从1937年开始，德国逐渐实行起食品配给制度。

先是黄油限量供应，接着是肉类，最后是面包和土豆。没有黄油和肉类，德国人感到很痛苦，因为这些是他们的“主食”。而对季羡林来说，却并不感到太难受，因为他平时根本不吃黄油，肉也吃得不多。等到面包和土豆都限制了时，他才感到情况不妙，因为这是他的“主食”啊！取代黄油的是人造黄油。把人造黄油这玩意儿放在汤里，还能浮出几个油珠；但一用它来煎东西，则在锅里吱吱几声，紧接着一缕青烟，油便消失了。到饭馆里吃饭，要经过几次思想斗争，才敢请饭馆服务员“煎”掉一两肉票。

当时，最困难的问题是面包。少且不说，实质更可怕，完全不知道里面掺了些什么东西。有人说是鱼粉。这种面包只要放上一天，第二天便有腥臭味。而且吃了后在肚子里发胀，制造气体，不断放屁。德国人是很讲究礼貌的，在公共场所出“虚恭”，被认为是极不礼貌、有失体统的事。然而，肚子里面装着这样的面包出入公共场所，很难保持体统。

有一次，季羡林去看电影，亲耳听到不少出“虚恭”之声，此起彼伏，东西合应。但他岂敢耻笑他人？因为他也正在同自己肚子里的气体作着殊死斗争呢！

这期间也有让他兴奋的事，就是他曾打破过自己的吃饭纪录。有一天，他同一位德国女士骑自行车下乡，去帮助农民摘苹果。摘了半天，工作结束了。这位德国农民送了他一箱苹果，还有五六斤土豆。他喜出望外，骑上自行车，风驰电掣般回到家里。立刻把土豆全部煮熟，蘸着积存下来的白糖，一口气全吞进肚子里，但仍然没有饱意。关于在德国期间挨饿之事，他曾写道：

> 我虽生也不辰，在国内时还没有真正挨过饿。小时候家里穷，一年只能吃两三次白面，但是吃糠咽菜，肚子还是能勉强填饱的。现在到了德国，才真正受了‘洋罪’……挨饿这个词儿，人们说起来，比较轻松。但这些人都是没有真正挨过饿的。我是真正经过饥饿炼狱的人，其中滋味实不足为外人道也。

长期挨饿的结果是，人们逐渐地瘦下来。季羡林的房东欧朴尔先生，原本是个大胖子，到死的时候，体重已经减轻了二三十公斤，成了一个瘦子。季羡林自己原来不胖，没有减肥的基础，但饥饿在他身上也留下了伤痕。他说自己“失掉了饱的感觉，大概有八年之久。后来到了瑞士，才慢慢恢复过来”。

虽然有轰炸与饥寒交迫，季羡林却在读书与研究中得到了极大的乐趣。他在后来结集的《印度古代语言论集·前言》中写道：

> 机声隆隆，饥肠雷鸣，人命危浅，朝不保夕。然而我却是积稿盈案，乐此不疲，开电灯以继晷，恒兀兀以穷年。稍有收获，则拍案而起。此中情趣，诚不足与外人道也。

乡愁入梦

比起饥饿和大轰炸带来的惊恐，季羡林感到更加痛苦的是乡愁。

他在《留德十年》里曾动情地写道：

> 我一生有两个母亲：一个是生我的母亲；一个是我的祖国母亲。我对这两个母亲怀有同样崇高的敬意和同样真挚的爱慕。

季羡林到了德国以后，不知是为什么，母亲的身影频来入梦，他常常从梦中哭醒。下面摘引他初到哥廷根时的两段日记，以见他当时的真实心情：

一九三五年一月十八日

从好几天以前，房东太太就向我说，他的儿子今天家来，从学校回家来，她高兴得不得了……但儿子总是不来，她的神色有点沮丧。她又说，晚上还有一趟车，说不定他会来。我看了她的神气，想到自己的在故乡地下卧着的母亲，我真想哭！我现在才知道古今中外的母亲都是一样的！

一九三五年十一月二十八日

我现在还真是想家，想故园里的朋友。我有时简直想得不能忍耐。

1936年7月11日，他写过一篇名为《寻梦》的散文，开头的一段是：

夜里梦到母亲，我哭着醒来，醒来再想捉住这梦的时候，梦却早不知道飞到什么地方去了。

他在《留德十年》中写道：

我在国内的时候，只怀念，也只有可能怀念一个母亲。现在到了国外来了，在我的怀念中增添了一个祖国母亲。这种怀念，在初到哥廷根的时候，异常强烈。以后也没有断过。对这两位母亲的怀念，一直伴随着我度过了在德国的十年。

第二次世界大战爆发以后，他便同家里断了书信。一个人孤悬海外，全不知道家里的情况如何，更加重了他的怀乡之情。祖国的抗战情况怎样了？家里的情况怎样了？叔叔年事已高，家中经济来源何在？妻子德华带着两个孩子，日子不知是怎样过的？两个孩子该懂事了，他们知道有个远在海外的父亲时时刻刻都在惦念着他们吗？甚至那条名叫“憨子”的小狗和院子里那两棵杏树都时来入梦。这一切，使他顿生难以排解的思乡之情。数不尽的长眠之夜，剪不断的离愁别恨，使他的精神痛苦万分。

饥饿、轰炸、乡愁，使季羡林迫不及待地想回国。适逢1942年德国政府承认了当时的南京汪伪政府，国民党政府的公使被迫撤到了瑞士。季羡林经过仔细考虑，决定离开德国，先到瑞士去，再从那里设法回国。他的初中同学张天麟那时住在柏林，他决心去找他，看看有没有办法可想。他决心既下，便到师友家去辞行。大家都觉得十分惋惜，他自己也充满了离情别绪。到柏林后，他才知道，到瑞士去并不那么容易；即使到了瑞士，也难以立即回国。不得已他只好打消了马上回国的念头，随遇而安了。他在柏林住了几天，又回到了哥廷根，时间是1942年10月30日。

于是，季羡林又恢复了七年来刻板单调的生活。每天在家里吃完早点，就到高斯-韦伯楼梵文研究所去，在那里一直工作到中午。午饭照例在外面的饭馆吃，吃完了仍然回到研究所看书写文章。一直到下午研究所关门，他才夹着书，走回欧朴尔太太家。晚上，在灯光下，他继续学习，直到眼睛睁不开了才上床睡觉。

苦涩初恋

在哥廷根的日子里，季羡林饱受轰炸、饥饿、乡愁的煎熬，有家不能归，有苦无处诉，一切的不幸与委屈，只能默默地往肚子里咽。只有在读书和写论文时，他才能暂时忘记世间的烦恼。一旦回到住处，孤身独坐室中，烦恼又涌上心头，无法排解。这样的日子一直持续到他离开哥廷根回国。

但是，诚如《红楼梦》中所云："大不幸中却有大幸。"人生在世，安危相易，祸福相生，也是一条辩证规律。在哥廷根的艰难岁月里，有一件事情曾给他带来了前所未有的幸福与快乐，使他的生命之火重新燃烧，发出耀眼的光芒。这便是他与一位德国姑娘之间的一段爱情经历。这是一个充满幸福又苦涩的爱情故事，是他永生难忘的一段刻骨铭心的感情经历。

故事还需从头说起。

与欧朴尔太太家同一条街上，有一家姓迈耶的德国人家。迈耶先生是一个小职员，为人憨厚朴实，老实得甚至很少说话，在人多的时候，更是呆坐一旁，一言不发，脸上总是挂着微笑。迈耶太太却生性活泼，能说会道，热情好客。他们夫妇有两个如花似玉的女儿。大小姐叫伊姆加德，身材苗条，皮肤白皙，金发碧眼，活泼可爱，年龄比季羡林小一些，当时尚未嫁人。她就是这个爱情故事的女主人公。

迈耶家是一个十分和谐、温馨的家庭。他家也像欧朴尔太太家一样，把多余的房间租给中国留学生住。恰好，季羡林的好友田德望便是迈耶家的房客。季羡林常去田德望住处拜访，一来二去，便同迈耶一家人熟悉了。季羡林当时不过30岁上下，年轻英俊，身材颀长，待人谦和有礼，正在读博士学位，又说得一口流利的德语。迈耶一家人很快就喜欢上了这个来自中国的年轻人。

但是，季羡林与伊姆加德之间产生恋情，还有另外一段因缘。

季羡林当时正在写博士论文。他用德文写成稿子，在送给教授看之前，必须用打字机打成清稿。可是季羡林没有打字机，也不会打字。恰巧，伊姆加德能打字，又有打字机，而且她很愿意帮助季羡林打字。这样一来，季羡林在很长一段时间里，几乎天天晚上到她家去。季羡林的论文都是一些稀奇古怪的文字，又修改得很乱，对伊姆加德来说，简直像天书一样。因此，伊姆加德打字时，季羡林必须坐在旁边，以备咨询。往往每天都工作到深夜，季羡林才摸黑回家。

季羡林获得博士学位后，又在德国待了四五年。其间，他又写了几篇很长的论文，都是请伊姆加德打字的。所以，直至1945年季羡林离开德国前，还经常去她家打字。

经过一段时间的接触，季羡林和伊姆加德之间渐渐产生了感情，就连迈耶太太也看出来了。后来，迈耶家凡有喜庆日子，招待客人吃点心、吃茶什么的，迈耶太太必定邀请季羡林参加。特别是在伊姆加德生日那一天，季羡林是必不可少的客人。每逢季羡林到迈耶家，伊姆加德总是打扮得漂漂亮亮，满面笑容，格外热情。迈耶太太在安排座位时，总让季羡林坐在伊姆加德的旁边。

季羡林和伊姆加德还常常一起去林中散步，去电影院看电影，去商店里买东西。两人并肩而行，边走边谈，走遍了哥廷根的大街小巷。每次见面，两人都沉浸在幸福之中。伊姆加德美丽的姿容，悦耳的语声，嫣然的笑容，使季羡林怦然心动，感到一股股暖流在全身涌动。季羡林初次尝到了爱情的滋味，心里充满激动和幸福的感情。同样，伊姆加德也流露出对季羡林的爱慕之情。他们同时坠入了爱河。

但是，每当季羡林回到寓所，内心便充满矛盾与痛苦。他想，自己是一个有妻子、有儿女的人，尽管那是没有爱情的包办婚姻，但是现在他必须面对这个现实。如果他敞开自己的胸怀，让爱情的激流涌泻出来，和伊姆加德由相爱而结合，自己未来的生活大概会是幸福美满的。但是，那样做，不仅意味着对妻子、儿女的背叛和抛弃，也意味着把自己的亲人推向痛苦的深渊。这是违背他所受的教育和他做人的原则的，是他无法办到的。反之，如果他克制自己的感情，让正在燃烧的爱情之火熄灭，又会使深爱着他的伊姆加德失望和痛苦，自己也会遗憾终生。

两条路水火不容，没有第三种选择，这使季羡林陷入了深深的痛苦之中。在很长一段时间里，幸福与痛苦、欢乐与自责的矛盾心理一直折磨着他。最后，他终于决定，为了不伤害或少伤害别人，还是自己来咽下这个苦果，背起这个沉重的十字架吧。他想，伊姆加德还年轻，她以后还会碰到意中人，还会有一个幸福的家庭，她会慢慢地忘记自己的。季羡林虽然作出了这样的决定，然而理智与情感之间，从来就没有不可逾越的界线，这段苦涩的爱情始终折磨着他。

1991年，80岁的季羡林在写长篇回忆录《留德十年》时，不知出于什么考虑，首次披露了他50年前这段鲜为人知的爱情经历。

他在《留德十年·迈耶（Meyer）一家》中写道：

在这样的情况下，我离开迈耶一家，离开伊姆加德，心里是什么滋味，完全可以想象。1945年9月24日，我在日记里写道：

吃过晚饭，7点半到Meyer家去，同Lrmgard打字。她劝我不要离开德国。她今天晚上特别活泼可爱。我真有点舍不得离开她。但又有什么办法？像我这样一个人不配爱她这样一个美丽的女孩子。

同年10月2日，在离开哥廷根的前四天，我在日记里写道：

回到家来，吃过午饭，校阅稿子。3点到Meyer家，把稿子打完。Lrmgard只是依依不舍，令我不知怎样好。

日记是当时的真实记录，不是我今天的回想；是代表我当时的感情，不是今天的感情。我就是怀着这样的感情离开迈耶一家，离开伊姆加德的。到了瑞士，我同她通过几次信，回国以后，就断了音讯。说我不想她，那不是真话。1983年，我回到哥廷根时，曾打听过她，当然是杳如黄鹤。如果她还留在人间的话，恐怕也将近古稀之年了。而今我已垂垂老矣。世界上还能想到她的人恐怕不会太多。等到我不能想到她的时候，世界上能想到她的人，恐怕就没有了。

由此可见，季羡林对伊姆加德的一往情深，非同一般。然而，故事到此还没有结束。

据说，近年来，有好事者在读了季羡林的《留德十年》以后，被这段爱情故事所感动，专程到哥廷根遍寻伊姆加德的下落，最后终于找到了她。当然，今天的伊姆加德，已是满头银发的老人，然而精神矍铄，风韵犹存。询问的结果都大大出人意料：伊姆加德小姐，终身未婚，而那台老式的打字机依然静静地放在桌子上。

季羡林的这场爱情悲剧，立刻会使人联想到陆游那首著名的《钗头凤》。然而，陆游与唐婉的爱情悲剧，毕竟已经是很遥远的事情了。实际上，封建包办婚姻制造的爱情悲剧，直到20世纪初仍然很普遍，特别是在早期的中国留学生中，一出出《钗头凤》还在不断上演。如鲁迅、胡适、徐志摩这样的大文豪、大学者、大诗人，也难逃厄运，这已经是众人皆知的事实。耐人寻味的是，这些留过洋的大知识分子，在对待这份“母亲送给的礼物”时，却往往有着完全不同的处理方式，从而显现出各人在思想和性格上的差异。

鲁迅的处理办法已是人所共知，就不必说了。胡适为了不使母亲伤心，违背自己的意愿同江冬秀成婚，他终生不弃结发妻子，也未再娶，这一直在学界传为美谈。可是通过报纸披露的材料大家才知道，胡适有一个美国女友，他与这位女友通信达几十年，他的女友也终身未嫁，而且他们之间的通信胡太太也是知道的。这不禁使人大吃一惊。但是吃惊之余，人们感到胡适这样做也是完全可以理解的，这对他至少是一种心灵的慰藉。

徐志摩则与鲁、胡二位不同，他上演了一出热闹非凡的“人间四月天”。根据这个故事拍成的电视剧，在华人圈里很轰动了一阵子。人们对徐志摩激烈的、诗人式的处理方式，似乎也没有过多的指责，倒是同情者居多。

季羡林在这种无可逃遁的厄运面前，采取了与上述三位名人完全不同的处理方式。他为了不伤害别人，把已经降临的爱情忍痛拒之门外，自己背起这沉重的十字架，让他人得以幸福地生活。这种舍己利人的高尚品质，不能不令人为之感动，从而显现出他高尚的品格，令人更加敬重他。但是，现在人们才知道，六十余年来，他心中的爱情火花并未熄灭，只不过深深地埋在心底，不为人知罢了。在后来漫长的岁月里，他独自默默地承受着心灵上时时袭来的痛楚与折磨，个中滋味恐怕也只有他自己知道，外人是无法揣摩的。这又不能不让人为之扼腕长叹！

季羡林平时给人的印象是不苟言笑，一脸严肃，其实他是一个感情极为丰富、充满爱心的人。只要读过他的散文的人，都会有同感。季羡林还是一个先人后己的人，他曾经说过："我认为，能为国家，为民族，为他人着想而遏制自己本性的，就是有道德的人，能够百分之六十为他人着想，百分之四十为自己着想，就是一个及格的好人，为他人着想的百分比越高越好，道德水平就越高。"（《漫谈人生·三论人生》）凡是与季羡林接触过的人都知道，他为别人着想的比例远远超过百分之六十，而为自己着想的比例则远远低于百分之四十。从这出苦涩的爱情悲剧中，已经可以清楚地看出来了。

过去，在提到封建包办婚姻的受害者时，似乎人们常常联想到的主要是妇女，而忘记了男人也同样是受害者。尤其是在五四运动前后，像鲁迅、胡适这样的先觉者。他们明知封建包办婚姻摧残人性，并且剥夺了自己的幸福，但是因袭的重担又使他们在自己的家庭内无力同封建礼教一刀两断，这使他们始终处于一种十分尴尬的窘境。当他们带领着群众讨伐封建礼教、呼啸前进的时候，他们自己却没有勇气站出来同家庭内的封建礼教抗争，只能是“背着因袭的重担，肩住黑暗的闸门，放青年们到光明的地方去”。这就给这些先觉者的个人生活涂上了更加浓厚的悲剧色彩。季羡林的遭遇也与此相似。

时间到了1945年春天，德国在第二次世界大战中的情况急转直下。

美英和苏联的大军，从东西两方面攻入德国境内。德国军队节节败退，只有招架之功，毫无还手之力。4月8日，美国坦克终于开进了哥廷根。这一天，季羡林在日记中写道：

Keller（指种鲜菌的山洞。当时作为防空洞使用。——笔者注）里非常冷，围了毯子，坐在那里，只是睡不着。我心里很奇怪，为什么有这样许多人在里面，而且接二连三地往里挤。后来听说，党部已经布告，妇孺都要离开哥廷根。我心里一惊，当然更不会睡着了。好歹盼到天明，仓促回家吃了点东西，往Keller里搬了一批书，又回去。远处炮声响得厉害。Keller里已经乱成一团。有的说，德国军队要守哥城；有的说，哥城预备投降。蓦地城里响起了五分钟长的警笛，表示敌人已经快进城来。我心里又一惊，自己的命运同哥城的命运，就要在短期内决定了。炮声也觉得挨近了。Keller前面仓皇跑着德国打散了的军队。隔了好久，外面忽然安静下来。有的人出去看，已经看到美国坦克车。里面更乱了，谁也不敢出来，怕美国兵开枪。结果我同一位德国太太出来，找到一个美国兵，告诉他这情形。回去通知大家，才陆续出来。我心里很高兴，自己不能制止自己了，跑到一个坦克车面前，同美国兵聊起来。我忘记了这还是战争状态，炮口对着我。回到家已经三点了。

随后，年轻英俊的美国大兵便大摇大摆地徜徉在哥廷根的大街上。德国人对自己国家一夜之间沦为战败国，感到茫然、懵然，忧心忡忡，不知美国占领军会怎样对待他们。然而，季羡林和其他中国留学生此时的心情与德国人大不相同。中国是第二次世界大战盟国之一，是胜利者。中国留学生一夜之间，由“阶下囚”变成了“座上客”。当季羡林同几个中国留学生向美国驻军亮明身份后，立刻受到了优待：每天可去领新鲜牛肉和大米。他把这些宝贵的食物拿回家，交给欧朴尔太太，由她烹调好后，两人共同享受。季羡林就这样过了一段颇为美好的日子。

战争终于结束了。

季羡林准备离开哥廷根回国。但是，一想到要离开生活了十年的哥廷根，又感到依依不舍。他写道：“当年佛祖规定，浮屠不三宿桑下。害怕和尚在一棵桑树下连住三宿，就会产生留恋之情。这对和尚的修行不利。我在哥廷根住了不是三宿，而是三宿的一千二百倍。留恋之情，焉能免掉？”哥廷根的每一个角落，都留下过他的足迹；每一粒石头子，仿佛他都踩过；每一座商店，他都进出过无数次；街上的每一个行人，他都似曾相识。那古城墙上高大的橡树，席勒草坪中绵绵的绿草，俾斯麦塔高耸入云的尖顶，大森林中惊逃的小鹿，初春时从雪中探出头来的花朵，晚秋群山顶上斑斓的红叶，等等，这一切，无不牵动着他的情思。

让他难舍难分的，还有古老的哥廷根大学和那些尊敬的老师。还有像母亲一样慈祥的欧朴尔太太。十年相处间，多少风晨月夕，多少难忘的往事，顿时涌上心头，使他彻夜难眠。当然，最使他难舍的是美丽的伊姆加德。

然而，天下没有不散的筵席，他这个海外游子已经到了该回家的时候了。他写道："留恋就让它留恋吧！留恋毕竟是有期限的。我是一个有国有家有父母有妻子的人，是我要走的时候了。真正的故乡在向我招手了。"

在向师友告辞之后，1945年10月6日，季羡林和其他五个中国留学生，乘盟军的吉普车离开哥廷根，奔赴瑞士，再辗转回国。就在吉普车离开哥廷根的时候，他脑子里忽然闪过唐代诗人刘皂的诗《旅次朔方》：

客舍并州已十霜
归心日夜忆咸阳
无端更渡桑干水
却望并州是故乡

第四章　回归故土

别了，哥廷根！

盟军的吉普车载着季羡林等六个中国留学生，离开了哥廷根，驶上举世闻名的国家高速公路，向德国与瑞士边界方向开去。季羡林回头看了一眼哥廷根，小城烟树，历历在目，高耸的俾斯麦塔和古城墙巍然矗立，哥廷根大学的建筑依稀可辨。吉普车越开越快，哥廷根变得越来越模糊，最后，哥廷根终于变成了一团阴影。此时，他心里油然升起千缕离愁，抑制不住的泪水湿润了眼眶，直到哥廷根完全消失在视野中，他才转过头来，拭干了眼泪。

季羡林一行在法兰克福住了一宿，次日，终于到达德瑞边界，在告别了德国后，进入了瑞士。在瑞士边境换乘瑞士火车，向瑞士首都伯尔尼进发。季羡林在火车上，凭窗眺望，只见远山如黛，积雪如银，倒映水中，成一团氤氲紫气，再衬托上湖畔草木的浓碧，有如仙境般美丽。瑞士自然风光如此之美妙神奇，变幻莫测，引人遐思，使他惊呆了。

过去，他也曾看过许多瑞士风景的照片和图片，然而实际的景色比照片上的更美、更神奇。他感叹道："自己学了半辈子语言，读了半辈子中西名著，可是到了现在，要我用嘴描绘眼前的美景，我说不出，要我用笔写出眼前的美景，我写不出。"他完全沉醉到这美得不可言说、不可思议的景色之中去了。

在这里顺便插一段并非题外的话。季羡林留德十年，时间是够长的，但是十年中，他除了哥廷根和柏林外，没有去过德国的其他城市，更不用说欧洲的其他国家了。瑞士距哥廷根，坐汽车，不到一天的路程，并不算远。他久闻瑞士风景秀美，然而也未曾去过。这是为什么呢？其中有钱的因素。到德国头两年，他每月只有120马克的生活补贴，只够勉强维持生活，自然没有余钱去旅游。可是他后来担任了讲师，有了收入，应该有财力出外旅游观光，但仍然未能成行。当然也有战争影响的因素。但第二次世界大战爆发时，他已在德国待了四年之久，如果想去旅行的话，四年之间，总可以安排去一趟瑞士吧，他却始终没有去。原因何在？还是让我们来听一听他自己的解释：

在生活方面，我是一个枯燥无味的人，所有玩的东西，我几乎全不会，也几乎全无兴趣。我自己对我这种个性也并不满意。我常常把自己比作一盆花，只有枝干而没有绿叶，更谈不到有什么花。

在哥廷根的10年，我这种怪脾气发挥得淋漓尽致。哥廷根是一个小城，除了一个剧院和几个电影院以外，任何消遣的地方都没有。我又是一介书生，没有钱，其实也是没有时间冬夏两季到高山和海滨去旅游。我所有的是时间和书籍。学校从来不开什么会，有一些学生偶尔举行晚会跳舞，我去了以后，也只能枯坐一旁，呆若木鸡。这里中国学生也极少，有一段时间，全城只有我一个中国人。这种孤独寂静的环境，正好给了我空前绝后的读书的机会。我在国内不是没有读过书，但是，从广度和深度两个方面，什么时候也比不上在哥廷根。

——《学海泛槎——季羡林自述》

由此看出，季羡林在留德十年中，没有去过外地旅游，除了没钱和战争，更重要的是因为没有时间，或者说，还有比旅游更让他感兴趣的事。在他看来，独自一人畅游于书海之中，所得到的享受，远甚于去高山海滨旅游。而且，像研究印度古代语言、宗教、碑铭等，对一般人来说，是极其枯燥乏味的事情，而他却对此情有独钟，乐此不疲。一般人在读文学作品时，会感到身轻神怡，如痴如醉，得到美感享受。而季羡林却在读吕德斯、陈寅恪两位大师艰深玄奥的论文时，才会有这种感受。

他说："这两位大师实有异曲同工之妙。他们为文，如剥春笋，一层层剥下去，愈剥愈细；面面俱到，巨细无遗；叙述不讲空话，论证必有根据；从来不引僻书以自炫，所引者多为常见书籍；别人视而不见的，他们偏能注意；表面上并不艰深玄奥，于平淡中却能见神奇；有时真如'山重水复疑无路'，转眼间'柳暗花明又一村'；迂回曲折，最后得出结论，让你顿时觉得豁然开朗，口服心服。我读两位大师的论文时得到的美感享受，与读文学作品时所得到的迥乎不同，却似乎更深更高。"也许有人会觉得季羡林性格与常人不同，有些怪癖。季羡林的回答是："我自己觉得，这确实是'癖'，然而毫无'怪'可言。"而且"'此中有真意，欲辨已忘言'，实不足与外人道也。"

人们常说：成大事者，皆有癖。如果季羡林没有这种好读书的"癖"，像他的留学生同学那样，终日忙于旅游，购物，跳舞，搓麻，谈情说爱，那么，他又怎能在学业上获得如此辉煌的成就，怎会有今日蜚声中外的学界泰斗之称呢？诚如韩愈所说："业精于勤，荒于嬉。" 季羡林之所以成功，盖出于此。

还是让我们再回到瑞士的火车上来。

季羡林一面观赏着窗外的美景，一面嘀咕着身上带着的几块黑面包该如何处理？原来，离开哥廷根时，因为挨饿挨怕了，他把保存的几块黑面包郑重地带在身上，以备路上不时之需。上了瑞士火车，他感到黑面包的历史使命已经完成，在瑞士已无用武之地，便想把它从车窗扔出去。

于是，他一面凭窗欣赏窗外的青山绿水，一面低头看铁路旁边的地上，想找个有点垃圾或不太干净的地方，为黑面包找个归宿之地。但是，他找呀，看呀，看呀，找呀，从瑞士边境直到首都伯尔尼，硬是没找到哪怕是一小块积有点垃圾或纸片的地方。他非常失望，也非常吃惊。战争刚刚结束，到处是残垣断壁，瑞士虽说是中立国，没有卷入战火，但多少受到影响，可是仍然能保持如此整洁有序，足见其国民素质之高，公共环境之好，不能不令人佩服。他感叹归感叹，手里攥着那块德国黑面包，一直不敢扔掉，直到下了火车，在车站上才扔进垃圾桶里。

游子归来

在车站上，老朋友张天麟、牛西园以及使馆的人，前来迎接季羡林一行，接着他们便到中国驻瑞士公使馆报到，并且领到了10月份的救济费。当时国民党政府指令驻瑞士使馆，竭尽全力，救济滞留在欧洲的中国留学生，以争取送留学生回国。因为瑞士地处欧洲中心地带，又没有卷入第二次世界大战，所以这里的公使馆俨然成了整个欧洲的代表，所有准备回国的中国留学生都在这里集中。

季羡林一行抵达伯尔尼的次日，即10月10日，正赶上国民党政府的国庆节。晚上，使馆举行庆祝“双十节”的宴会，来自欧洲各国的留学生，济济一堂，热闹非凡。季羡林孤身一人长期生活在哥廷根，十分寂寞。此时见到这么多的同胞，心情激动万分。宴会上准备了丰盛精美的中国饭菜，使在饥饿地狱里待了多年的季羡林垂涎欲滴。当他正准备狼吞虎咽，大吃一场时，忽然想起了德国医生的忠告：人如果饿得时间久了，一旦得到充足的食物，就会失掉饱的感觉；此时如果放开肚皮去吃，就有可能撑死。于是，他立刻警惕起来，不敢畅所欲吃，只能解馋即止，从而未酿成大祸。

在瑞士停留期间，也有令人不愉快的事情发生。季羡林在同久违了的国民党外交官打交道时，便对他们产生了极坏的印象。

这些国民党官员，一个个不学无术，对内，钩心斗角，争权夺利；对外，卑躬屈膝，奴颜媚骨，把中国人的脸都丢尽了。可这帮人在留学生面前，却要摆出一副官僚的臭架子，装腔作势，颐指气使。特别令人气愤的是，他们竟胆敢暗中克扣国内汇来救济留学生的美元。这种卑鄙的勾当，使留学生们大为愤怒。在经过一场激烈的斗争之后，公使大人不得不把克扣的钱吐出来发给大家。从这件事情中，留学生们获得了宝贵的经验：对付南京来的外交官，态度必须强硬才会有效；如果同他们讲理，反倒会受欺侮。季羡林也参加了这场斗争，对国民党政权的腐败，有了初步的了解。在后来三个多月的归国途中，他同留学生们一起，几乎每到一处，都要同那些腐败奸猾的官员大吵大闹，据理力争，才可能得到一点应得的“救济”。

季羡林一行在瑞士停留了近四个月，1946年2月才离开瑞士，踏上归途。他们回国的路线是：从瑞士乘火车到法国马赛港，然后乘法国运兵船到越南西贡，再从西贡乘船到香港，最后从香港乘船抵上海。由于战争刚刚结束，一切尚处于混乱状态，途中他们遇到多次风险。从地中海经红海到印度洋时，战时埋设的水雷尚未清除。船行至此，随时都有触雷的危险。在这段海域行驶，全船人如临深渊，如履薄冰，战战兢兢。

总算老天保佑，船没有碰到水雷，顺利驶出了雷区，大家才松了一口气。从西贡到香港，换乘较小的船，船遇大风，在滔天巨浪中颠簸。虽然船开足马力，破浪前进，但是一整夜竟然寸步未移。季羡林本来就有晕船的毛病，此时更是呕吐不止，食物吐完之后，从胃里吐出的全是绿水 。他在甲板上昏昏沉沉地躺了两天。这次行程，从1946年2月2日出发，至5月19日才抵达上海，历时三个多月。其间历尽艰险，九死一生。这是他一生中最痛苦的一次旅行。

但是，在回国途中，比身体受折磨更令他感到痛苦的，是内心的矛盾和心情的沮丧。

当船离开马赛港，向东方行驶时，他的心情本来是很好的，又兴奋，又激动，万千思绪，联翩而至。他想：11年的背井离乡的生活就要结束了，祖国就要展现在眼前了。他有千言万语要向阔别多年的祖国母亲倾诉。但是，离祖国越近，他听到有关祖国的消息越多，看见自己的同胞也越多，他那满腔热情像是迎头被泼了一盆冰水，渐渐地凉了下来。

自从在瑞士，同南京政府的外交官打交道后，他的心里就有了一层阴影。到了西贡，同样的事又发生了。

南京政府在西贡设立了一个规模庞大的总领事馆，派来了总领事，以及领事和副领事等一班人马，管理越南华侨事宜。总领事馆实际上成了一个大衙门，把国内衙门那一套弊病全带到了国外。西贡的华侨本来是很爱国的，但常常受到领事馆的盘剥和刁难。有些华侨吃了亏，投诉无门，只好忍气吞声。季羡林等一批留学生到了西贡，华侨们以为他们都是有后台的人，不然怎么会出洋镀金呢？于是便把他们看成了“青天大老爷”，纷纷前来告状。

留学生们个个年轻气盛，加上对国民党的外交官早已痛恨有加，听了华侨们的诉苦后，一个个便“路见不平，拔刀相助”了。他们把华侨们的苦衷和要求向总领事和盘托出。总领事也摸不清这些年轻人的底细，只好唯唯诺诺，有的事居然办成了。留学生们为了给领事馆一点颜色看看，第一次吃饭时，看到餐桌上摆着竹筷子，便故意说："这不行，必须换象牙筷子。" 这当然有点无理取闹。但是，第二天吃饭时，就一律是象牙筷子了。季羡林在1946年3月13日的日记中写道：

十点同他们到领事馆去见尹凤藻（总领事）。一直等到十一点，他才回去。一见面，态度非常不客气。我心里大火，向他顶了几句，他反而和气了。这种官僚真没办法。

4月13日，他的日记中又有这样一段话：

早晨六点起来，吃过早点，同虎文、十心、萧到领事馆去，交涉订在大中华的舱位。老尹又想狡赖，看我们来势不善，终于答应了。

从两段日记中，可以看出季羡林当时真实的心情。

到了香港，南京政府的特派员出面接待留学生。他把留学生们打发到一个鸡毛店似的小客栈里住。几个人挤在一间又小又黑的房间里。客栈里住的都是一些小贩、流浪汉和身上长梅毒的人。这些人大声喧哗，随地吐痰，抽劣质香烟，把屋子弄得乌烟瘴气，使留学生们难以忍耐。一天，特派员召见季羡林等留学生，商谈去上海的问题。当留学生们走进特派员的办公室时，不禁大吃一惊。在寸土寸金的香港，一个特派员的办公室，竟然奇大无比，装修极为豪华。这位特派员坐在巨大的办公桌后面，威仪俨然，戴一副玳瑁框的眼镜，留着小胡子，面团团如富家翁，摆出一副官架子。季羡林与同去的留学生一看，心里完全明白了，必须给他点颜色看看，便一屁股坐到他的办公桌上。这一坐，立竿见影。特派员立刻站起来，脸上也有了笑容，乘船的问题便迎刃而解。

季羡林虽然久仰香港的大名，但从未去过，这次是初到，却对它没有好印象。20世纪40年代的香港，不像今天这般豪华，还是个很“土” 的城市。再加上季羡林刚从欧洲回来，把香港同柏林、伯尔尼、马赛这些欧洲的大城市一对比，更觉出它的“土”气。这且不说。香港当时没有一点文化气息，找一个书店都很困难，使他大为失望。更让他反感的，是从鸽子笼似的屋子里传出来的打麻将之声，有如悬河泻水，雷鸣般地从天而降，吵得他心烦意乱。这当然是一介书生对香港的印象。如果换了别人，那印象可能完全不同。

1946年5月13日，季羡林一行终于登上开往上海的船。他的心情开始很激动，然而船上的混乱现象又让他的心凉了半截。

在这条船上，统舱之下还有甲板一级。到处都是包裹，有的整齐，有的凌乱，有的包裹里还飘出了咸鱼的臭味。到处都是人，每个人只能有容身之地。霸道者抢占地盘，有人出钱，就能得到。因此讨价还价之声，争吵喧哗之声，洋洋乎盈耳。好多人都抽烟，统舱里烟雾弥漫。这种烟雾，再混上人声，形成一团乌烟瘴气的大合唱。小船破浪前进所激起的海涛声，同这大合唱相比，简直是小巫见大巫，有时连听都听不见了。

季羡林和几个留学生住在头等舱和二等舱，算是船上的“特权阶级”。不管外面多么脏，多么乱，只要把门一关，舱内还能保持安静和干净。但是，有时他们需要呼吸一点新鲜空气，就必须到甲板上去。其实只需挤几步路，就可以到甲板。但是，就这几步路，也是异常艰难的历程。因为他们必须在挤得像沙丁鱼的人丛中，小心翼翼地挤出一条路来，才能到达甲板。

到了甲板上，他忽然发现，在横躺竖卧的人丛中，有一位年轻女子十分面熟。仔细一看，原来是同他们一起上船的在比利时和法国留学的女生。不知道为什么她会待在这个鬼地方。只见她此时正紧闭双眼，躺在那里，不吃不喝，不转不动。有人跨过她的身躯走路，她似乎不知不觉。有人不小心踩到她身上，她一点反应都没有。有人提水，水滴到她脸上，她连眼睛都不眨一眨。她就这样一连躺了几天，一直躺到上海。这使季羡林吃惊不小。他知道，她是学数学的，是一个非常虔诚的天主教徒。看着她的表情，他怀疑她当过修女。不管怎样，她心中一定有自己的上帝，否则她在船上的这番功夫，无论如何也是难以理解的。

此情此景，使季羡林大为愤慨，多日郁结在心中的千言万语，再也按捺不住，一下子涌泻出来。他写道：

> 我是一个俗人，心中没有上帝。我不想躺在那里，一动不动。我要活动，我要吃要喝，我还要想。在这时候，祖国就在我面前，我想了很多很多。将近十一年的异域流离的生活就要结束了。这十一年的经历现在一幕一幕地又重新展现在我的眼前，千头万绪一时涌上心头。我多么希望向祖国母亲倾诉一番呀！但是，我能说些什么呢？十一年前，少不更事，怀着一腔热情，毅然去国。一是为

了救国，二是为了镀金。原定只有两年，咬一咬牙就能够挺过来的。但是，我生不逢时，战火连绵，两年一下子变成了十一年。其间所遭遇的苦难与艰辛，挫折与委曲，现在连想都不愿意回想。试想一想，天天空着肚子，死神时时威胁着自己；英美飞机无时不在头顶上盘旋，死神降临只在分秒之间。遭万劫而幸免，实九死而一生。在长达几年的时间内，家中一点信息都没有。亲老、妻少、子幼。在故乡的黄土堆里躺着我的母亲。她如有灵，怎能不为爱子担心！所有这一切心灵感情上的磨难，我多么盼望能有一天向我的祖国母亲倾诉一番。现在祖国就在眼前，倾诉的时间来到了。然而我能倾诉些什么呢？

我不能像那位天主教徒一样，躺在那里死死不动。我靠在船舷上，注目大海中翻滚的波涛，我心里面翻滚得比大海还要厉害。我在欧洲曾几次幻想，当我见到祖国母亲时，我一定跪下来吻她，抚摩她，让热泪流个痛快。但是，我遇到了困难，我心中有了矛盾，我眼前有了阴影。在西贡时，我就断断续续从爱国华侨口中听了一些关于南京政府的情况。到了香港以后，听的就更具体、更细致了。在抗战胜利以后，政府中的一些大员、中员和小员，靠裙带，靠后台，靠关系，靠交情，靠拉拢，靠贿赂，乘上飞机，满天飞着，到全国各地去“劫收”。他们“劫收”房子，“劫收”地产，“劫收”美元，“劫收”黄金，“劫收”物资，“劫收”仓库，连小老婆姨太太也一并“劫收”，闹得乌烟瘴气，民怨沸腾。其肮脏程度，远非《官场现形记》所能比拟。所谓“祖国”，本来含有两部分：一是山川大地；一是人。山川大地永远是美的，是我完完全全应该爱的。但是这样的人，我能爱吗？我能对这样一批人倾诉什么呢？俗语说：“孩儿不嫌娘丑，狗不嫌家贫。”我的娘一点也不丑。可是这一群“劫收”人员，你能说他们不丑吗？你能不嫌他们吗？

——《留德十年》

在船上，季羡林心里的矛盾就这样翻腾滚动。不知不觉中，船就到了上海码头。时间是1946年5月19日。

他提着行李，挤在混乱的人群中，踏上了祖国的土地。

他没有跪下来捧着祖国的泥土激动地亲吻，而是一个人挤在人群中，茫然地向前走着，心里喜怒哀乐，像是倒了酱缸一样，不知道是什么滋味。他吃惊地反问自己："上海，这真是中国的地方了。自己去国十一年，以前自己还想象再见祖国时的心情。现在真正地见了，但觉得异常陌生，一点温热的感觉都没有。难道是自己变了么？还是祖国变了呢？" 他叹息道：

十年一觉欧洲梦，
赢得万斛别离情。

"祖国母亲呀！不管怎样，我这个海外游子又回来了。"

这一年，季羡林35岁。

初踏未名

季羡林抵达上海后，本想立即赶回济南老家与家人团聚。无奈当时解放战争正在激烈进行，津浦铁路中断，他有家难归。不过，还有另一件同样急迫的事需要办理，就是要赶紧落实回国后的工作问题。关于这件事，还要从几个月前，他同恩师陈寅恪先生的通信说起。

1945年秋，第二次世界大战刚刚结束，英国牛津大学约请陈寅恪先生去伦敦治眼病。他们希望陈寅恪先生眼病治愈后，能留在牛津讲学。陈寅恪先生急欲恢复视力，决心在双目失明的情况下，只身远涉重洋，赴英就医。1945年9月14日，陈寅恪先生在邵循正先生陪伴下，由成都飞往昆明，再飞印度，转赴伦敦。令人失望的是，在英国，虽经两次手术，但陈寅恪先生的眼病却未能治好。1946年5月，陈寅恪先生归国，回到了南京。

前文曾经说过，季羡林在清华念书时，曾旁听过陈寅恪先生的“佛经翻译文学”课，对他的道德文章，均极为敬佩。但季羡林当时只是一名旁听生，与陈寅恪先生并不熟悉。1945年，季羡林在哥廷根准备回国，听说陈寅恪先生其时正在伦敦治病的消息，立刻给陈寅恪先生写了一封信，向陈寅恪先生报告了自己十年来的学习和学术研究的情况。虽然陈寅恪先生当时对季羡林以及他的学业并不了解，但是有一个机缘，使陈寅恪先生很容易便可对季羡林有所了解。

季羡林的师祖吕德斯，正是陈寅恪先生当年在德国留学时的老师，而季羡林的老师瓦尔德施米特正是陈寅恪先生的同学。季羡林一讲自己的学业情况，陈寅恪先生立即了然。果然，不久季羡林就收到了陈寅恪先生寄来的一封长信。除了一些奖掖鼓励的话以外，陈寅恪先生还说，他打算介绍季羡林到北京大学任教，这当然使季羡林喜出望外。北大是全国最高学府，1930年他曾考取北大，只因想出国，弃北大而就清华，现在又要回到北大了。他狂喜不能自已，立即回信应允。这便是季羡林到北大的因缘。

季羡林在上海停留了数日，在好友臧克家先生家的榻榻米上睡了几天，立即赶往南京去谒见陈寅恪先生。陈寅恪先生当时正借住在俞大维的官邸。季羡林到南京后，马上前去俞家见陈寅恪先生。师生别离已经十多年，各自谈了别后的情况，都有九死一生之感，慨叹良多。陈寅恪先生命季羡林立即持在德国发表的论文，到鸡鸣寺下研究院历史研究所去见当时北大代理校长傅斯年先生，因校长胡适此时尚留美国未还。陈寅恪先生当时已是学界大师，一言九鼎，有他的力荐，傅斯年先生对季羡林到北大任教，表示十分欢迎。但他告诉季羡林，按北大的规定，在国外拿到了博士学位回国的人，只能给予副教授职称。季羡林对此并不在意，欣然同意。能进北大，已如登龙门，他哪里还敢讨价还价。

就这样，季羡林回国后的工作便定了。他后半生与北大共命运的人生道路也就从此定了下来。

此时正值6月，学校都在放暑假，离北大开学还有三个月。季羡林既拿不到工资，又不能去报到，只好在南京等待。可是他囊中羞涩，住不起旅馆，只好借住在老同学李长之在编译馆的办公室内。住别人的办公室是很难受的。人家白天办公，他就出去游荡；晚上，别人下班回家了，他就回到编译馆，睡在办公桌上。早晨一起床，又赶紧离开。像今天的“城市流动人口”一样，惶惶不可终日。编译馆地处台城下面，季羡林多半在台城上云游。什么鸡鸣寺啊，胭脂井啊，几乎天天都去。南京素有火炉之称，夏日骄阳似火，在炎热的天气中四处游荡，苦不堪言。他走累了，热了，就在台城古柳的浓荫下休息片刻。他望着台城上面郁郁葱葱的古柳，不由得想起了唐朝诗人韦庄的诗——《台城》：

江雨霏霏江草齐，
六朝如梦鸟空啼。
无情最是台城柳，
依旧烟笼十里堤。

韦庄这首凭吊六朝古迹的诗，本是借景寄情，抒发自己对朝代兴亡，人间沧桑的感慨，流露出浓重的感伤情绪。季羡林此时想起这首诗，则别有一番见解："这里讲的仅仅是六朝。从六朝到现在，又不知道有多少朝多少代过去了。古柳依然是葱茏繁茂，改朝换代并没有影响了它们的情绪。今天我站在古柳面前，一点也没有觉得它们'无情'，我觉得它们有情得很。我天天在6月的炎阳下奔波游荡，只有台城古柳的浓荫下才能获得片刻的清凉，让我坐下来稍憩一会儿。我难道不该感激这些古柳而还说三道四吗？"（《回忆梁实秋先生》）真是存在决定意识。韦庄先生生前绝对不会想到，一千多年后，有一位学者会对他的诗作如是批评。

季羡林这样说，当然是一种打趣。可是，也不尽然。细细品味这段话，多少隐含了几分无奈与愤懑。这不是冲着韦庄的诗去的，而是针对现实。这种情绪是完全可以理解的。在国外苦读十年，获得了博士学位，又已聘为北大副教授的学者，竟然住不起旅馆，睡在别人的办公桌上，天天像流浪汉一样，顶着烈日，在台城上游荡。这样的世道，能让人不沮丧、不愤懑吗？

从台城再走远一点，出了城就到了玄武湖。这里湖光潋滟，风景宜人，“接天莲叶无穷碧，映日荷花别样红”。面对如此美景，季羡林却提不起半点兴致。他是个惜阴如金的人，这样整天无所事事、四处游荡的生活，使他心急如焚，痛苦万分。他感到这简直是在浪费生命，等于自杀。他“梦想有朝一日自己能安定下来，有一间房，有一张书桌，别的奢望，一点没有”。可是，就连这样简单的愿望，也要等到深秋时才能实现。

在这段难熬的日子里，唯一让他高兴的事，便是有幸结识了梁实秋先生。

有一天，李长之告诉他，梁实秋先生全家从重庆复员，回到了南京，也在编译馆工作。季羡林听了，喜出望外。梁实秋先生的大名，他是久仰的了，可是一直没有机会识荆。经李长之介绍，他很快便认识了梁实秋先生。论辈分，梁实秋先生与季羡林不是一辈人。梁实秋先生比他大十几岁，应该算是老师一辈的人了。当年季羡林在清华读书时就读过不少梁实秋先生的文章，对梁实秋先生潜怀着崇敬之情。见面后，梁实秋先生的人品与谈吐立刻令他十分倾倒。

梁实秋先生为人毫无架子，对季羡林和李长之这样年轻一代的人，完全平等相待，态度真诚和蔼。梁实秋先生对季羡林的才学人品十分赏识，曾在一家大饭店宴请他。梁夫人和三个孩子都参加了。这次见面，给季羡林留下了永远难忘的印象。后来，梁实秋先生去了台湾，从此音讯杳无，但梁实秋先生当年的音容笑貌始终活在季羡林的脑子里。由于20世纪二三十年代梁实秋先生同鲁迅有过一场争论，又不相信马克思主义，曾经被批倒批臭。特别是鲁迅那篇著名的杂文：《“丧家的”　“资本家的乏走狗”》长期收入中学语文课本，使全国凡念过中学的人，只知道梁实秋先生是一条“‘丧家的’‘资本家的乏走狗’”，而对他真实的人品和才学完全不了解。梁实秋先生为此背了几十年的黑锅与骂名。

1987年，梁实秋先生的孩子梁文茜和梁文蔷，奉父命专门到北大看望季羡林。时隔四十年，梁实秋先生还没有忘记季羡林，可见当年季羡林给梁实秋先生的印象是颇深的，这件事使季羡林十分感动。他原期望还能与梁实秋先生见面，不意梁实秋先生当年竟然仙逝，让他悲痛不已。1987年，梁实秋先生夫人专程从台湾到北京来举行追思会。季羡林当时正在南京开会，未能参加。可是，南京不正是1946年他与梁实秋先生相识的地方吗？季羡林一时感慨良多。独自站在南京宾馆的阳台上，眼望台城，临风凭吊，悲从中来，不胜唏嘘。

由宁返京，他提笔写了《回忆梁实秋先生》一文。

文末写道："我对他的回忆将永远保留在我心中，直至我不能回忆为止。我的这篇短文，他当然无法看到了。但是，我仿佛觉得，而且痴情希望，他能看到。四十年音问未通，这是仅有的一次也是最后一次通音问了。悲夫！"

这是季羡林与梁实秋先生的一段因缘。而这因缘正是他在南京的日子里发生的，也是他这段生活里唯一值得回忆的事情。

季羡林在南京停留的日子，经济上捉襟见肘，十分拮据。他在上海时，曾卖掉了一块从瑞士带回来的欧米茄金表。这种表当时在国内还是十分稀罕珍贵的事物。但他却受了骗，只卖了十两黄金。他把一部分黄金换成了法币，寄回济南家中，剩下的部分就供自己在南京吃饭之用。日子就这样艰难地一天天地挨下去。

一直到1946年的深秋，季羡林才从上海乘船北上。先到秦皇岛，再转火车回到阔别十一年的故都北平。到车站迎接他的有阴法鲁教授等老朋友。汽车经过长安街，黄昏已过，街灯昏暗，落叶遍地，一片凄凉的景象。此时季羡林心头不由自主地又涌出了两句唐诗："西风凋碧树，落叶满长安。"诗中的"长安"原指"长安城"，他心中想到的自然是"长安街"。作为一个海外游子，在国外时常常会幻想重逢时一幅幅欢娱的情景。

可是，季羡林今日归来，不料见到的竟是如此惨淡凄凉的景象！他透过车窗向外看去，古城依旧，街市如昔，同他离开时相比，几乎没有什么变化。他心中悲喜交集，思绪万端。叹人生之无常，嗟命运之渺茫。十一年的海外经历，在脑海里层层涌现。他感叹道："我心头有一个比深秋还要深秋的深秋。"这就是他回到北平时的心境。

到了北大以后，他暂时被安置在红楼三层的楼上住。在日寇占领时期，红楼驻有日寇的宪兵队，地下室就是行刑杀人的地方，传说里面有鬼叫声。季羡林从来不相信什么鬼神，但是，在当时，整个红楼上下五层，寥寥落落，只住着四五个人，再加上电灯不明，在楼道的暗处仿佛有鬼影飘忽。他走过长长的楼道，能听到自己足音的回荡，让他胆战心惊。

第二天，阴法鲁教授陪他去谒见文学院院长汤用彤先生。

汤用彤先生是著名的佛学大师，他的巨著《汉魏两晋南北朝佛学史》，集义理、考据、辞章于一体，蜚声海内外，至今仍是此道中的楷模，无人能望其项背。汤用彤先生的书，季羡林都读过，从佛学研究来说，他与汤用彤先生也算同道，因此对汤用彤先生的学术造诣是很了解的；汤用彤先生高尚的品德，他也听说过不少。可以说，汤用彤先生早已是他崇拜的对象。

汤用彤先生在自己的办公室约见季羡林。初次见面，汤用彤先生就给季羡林留下了极好的印象。他回忆道："他面容端严慈祥，不苟言笑，却是即之也温，观之也诚，真蔼然仁者也。先生虽留美多年，学贯中西，可是身着灰布长衫，脚踏圆口布鞋，望之似老农老圃，没有半点'洋气'，没有丝毫教授架子和大师威风。我心中不由自主地油然生幸福之感，浑身感到一阵温暖。"

汉文出版，并着手翻译《伊斯兰哲学史》。马坚先生是当时国内阿拉伯语方面的权威。1946年，他受汤用彤先生邀请到北大任教，从昆明辗转来到北京。马坚先生在东方语言文学系开设了阿拉伯语专业。他培养出北大东方语言文学系阿拉伯语专业的第一批学生。这些弟子及再传弟子，对20世纪后半叶，中国阿拉伯语的传播和阿拉伯文化的研究事业，作出了重要贡献。

金克木先生，生于1912年，安徽寿县人。天资过人，自学成才，掌握七八种外语。仅教过的外语就有英、法、梵、印地、乌尔都、世界语等。曾赴印度，在鹿野苑从印度学者法喜居士学习梵文、印地文。金克木先生虽无硕士、博士文凭，但是因为他特殊的经历和才能，也被聘到北大东方语言文学系任教。金克木先生与季羡林一起开设梵文班，为东方语言文学系培养了一批梵文学者。至今，这些弟子及再传弟子，仍是中国梵文教学与研究的中坚力量。

其他三位学者也各有所长，这里就不一一介绍了。

当时北大文学院和法学院的办公室都在红楼后面的北楼。校长办公室则在孑民堂前的东厢房内，西厢房是秘书长办公室。秘书长的任务同今天的总务长差不多，总管全校的一切行政事务。秘书长以外，还有一位教务长，主管全校的教学工作。没有什么副校长。当时全校有6个学院：文学院、理学院、法学院、农学院、工学院、医学院。各院由院长一人管理全院工作。这样庞大的机构，管理人员并不多，但一切井井有条。

北大图书馆就在北楼前面。文学院院长汤用彤先生和图书馆馆长毛子水先生，为了季羡林开展研究工作方便，特意在图书馆内为他开出一间专用的研究室。季羡林从图书馆中把自己要用的书提出来，放在研究室备用，这对他的研究工作极为有利。为教授或副教授设专用研究室，而且允许他们把自己常用的书从图书馆提出来，放在研究室备用，这在当时是很通行的，至今在国外的大学里，也是很普遍的现象。汤用彤先生还特别指派了一名研究生马理女士做季羡林的助手，帮助整理书籍。马理女士是已故国文系主任马裕藻教授的女儿，赫赫有名的马珏的妹妹。

婉拒剑桥

应该说北大对季羡林的关怀照顾，已经做到无微不至了。季羡林对此也十分感激。可是有一件无法解决的憾事，使他一筹莫展。那就是，北大图书馆藏书虽然甲天下，但是有关季羡林专业研究范围内的书却如凤毛麟角。全国第一大图书馆北京图书馆，藏书比北大图书馆稍多一些，但是除了并不完整的巴利文藏经和寥寥几本梵文书外，其他重要的梵文典籍一概没有。这种情况季羡林回国前已经预想到了，但是没有想到缺失这么严重，完全不可能继续进行梵文研究了。

在这种情况下，季羡林真如虎落平川，龙困浅滩，纵有一身武艺，却无用武之地。季羡林是个学者，他的兴趣在研究学问上，而不是当官或图虚名。他对古代印度语言的研究仍然恋恋不舍，可是又无可奈何。

当时东方语言文学系的工作也十分清闲。教员不过五人，学生更少。季羡林开了一个梵文班，学生只有三人。其余蒙文、藏文、阿拉伯文，一个学生也没有。季羡林这位系主任可谓“政务” 十分清闲，天天同一位系秘书在办公室对面枯坐，既感到极不舒服，又感到百无聊赖。文学院中任何形式的会都没有，学校也从不开什么会，教授会不过给大家提供一个见面聊天的机会而已。季羡林每天如坐针毡，度日如年。

好在汤用彤先生正开一门新课“魏晋玄学”，课堂就在三楼。季羡林在征得汤用彤先生同意后，便去听课。他听课，每堂必到。汤用彤先生上课没有讲义，只用口说。季羡林就认真记笔记。汤用彤先生讲了一年的课，季羡林一堂也没缺过。此外，他感到自己中国音韵学知识欠缺，周祖谟先生正开此课，在征得周祖谟先生同意后，他便去旁听。

周祖谟先生比季羡林小几岁，当时还不是正教授。别人看见季羡林这位正教授兼系主任随班听一位副教授的课，觉得很奇怪，议论纷纷。季羡林却处之泰然，任人去评说。他从来主张“能者为师”，反对学术上的论资排辈。

然而，听课也解决不了他心中郁结的疙瘩。旧业不能搞了，何去何从？这个大问题终日萦绕于心，挥之不去。季羡林再一次成了莎翁剧中的哈姆雷特。

这时，一个解决矛盾的出路浮现出来了。这事儿也要从头说起。

第二次世界大战结束后，季羡林尚未离开哥廷根时，曾接到由古斯塔夫·哈隆教授介绍的英国剑桥大学的聘约。古斯塔夫·哈隆教授，就是前文中提到过的，当年哥廷根大学汉学研究所所长。他曾在季羡林留德研究生交换期满后，主动找上门，请他担任汉文讲师，从而解决了季羡林的经济困难，使他得以留在德国继续深造。第二次世界大战前，古斯塔夫·哈隆教授便去了英国剑桥大学工作。他对季羡林的才学很了解。战争一结束，他便向剑桥大学推荐季羡林。剑桥大学接受了他的推荐，向季羡林发出了聘约。

季羡林接到剑桥大学的聘约时，思想上就产生过激烈的斗争。他所搞的研究工作，不像搞创作，只需要灵感就行，而是需要资料的。这些资料，全世界只有欧洲最多最全，剑桥大学当然藏书更富，是做研究的理想地方。可是，当时祖国正处在灾难中，自己又是亲老、家贫、子幼，如果只考虑自己的前途，置家国于不顾，他认为那简直就是一个没有良心的人，一个失掉人性的人。

但是，如果回国，则自己的学术前途将付诸东流。顾此失彼，顾彼失此，实在没有一个两全的办法。最后，他想出了一个折中的方案：先接受剑桥大学的聘约，等回国把家庭问题处理妥善后，再返回欧洲，从事自己的学术研究。这实在是在万般无奈的情况下想出来的办法。

回国后，季羡林受到北大的优厚待遇，本来已打消了去剑桥大学的打算。可是面对中国图书馆梵文典籍空空如也的现状，他又感到前途黯淡，忧心忡忡。剑桥大学丰富的藏书，优越的研究条件，又令他向往不已。过去那场回国还是出国的思想斗争，又在他的脑子里激烈地展开了。最后，他决心先回济南老家看一看家里的真实情况，再作决定。

1947年暑假，津浦铁路仍然不通，季羡林便乘飞机返回已经阔别十二年的济南老家。当他迈进家门时，眼前的一切让他大吃一惊。家庭经济困难的程度，比他想象的要严重得多。叔父年迈多病，早已不能工作。续弦的婶母每日摆小摊卖香烟、炒花生和最便宜的糖果，来维持全家人的生活。十几年未见的妻子，被穷困的生活折磨得老了许多。

两个孩子，女儿已经16岁，儿子12岁，瞪大了眼睛望着陌生的父亲。眼前的一切，令他痛苦万分，心如刀绞，顿时流下了眼泪。悔恨、内疚、悲痛的感情一齐涌上心头。他立即作出决定：不去剑桥大学应聘了。他写道：“我立即忍痛决定，不再返回欧洲。我不是一个失掉天良的人，我为人子，为人夫，为人父的责任，必须承担起来。”（《学海泛槎——季羡林自述》）他立即给古斯塔夫·哈隆教授写信，告诉他自己的决定。古斯塔夫·哈隆教授回信表示理解和惋惜。有关去不去欧洲的“思想斗争”，就这样结束了。

季羡林这次回家，原来的婶母已经去世，他看见了未曾晤面的第二位婶母。这位续弦的婶母，是季羡林1935年离开济南赴德国留学后，才同叔父结婚的。虽然通信中，在“敬禀者”后已经称呼过她“婶母”，但并没有见过面，这次才同真人对上号。

这位婶母（后来全家人称她“老祖”）是个绝顶聪明的人，也是一个有个性的人。季羡林初到家时，她斜着眼看季羡林。她大概感到奇怪，结婚十几年了，怎么忽然冒出一个像亲生儿子似的侄子？她不是一般的人。在季羡林离家十二年里，中国正值乱世，家里上有老，下有小，叔父脾气又极暴烈，甚至有点乖戾，极难侍奉。经济上又没有来源，全靠她一人支撑。她摆过烟摊；到小市上去卖衣服家具；在日军刺刀下去领混合面；骑着马到济南乡里勘查田地，充当地牙子，赚点钱供家用；靠自己幼时所学的中医知识，给人看病。她以“少妻”身份对付难以对付的“老夫”。

在万分困难的情况下，她没让季羡林的两个孩子失学，把他们抚养成人。季羡林的女儿婉如，1951年考入天津大学土木工程系，1955年毕业，成了核工业部的高级工程师。儿子延宗，1952年考入北京俄文专修学校，1955年毕业，在中国科学院高能物理所担任高级工程师。如果没有这位婶母，他的家早就完了，孩子们更不会有这样好的前途。季羡林对她非常感谢，也非常尊敬。他在《寸草心·我的婶母》一文中写道：

> 我不是一个混人。我极重感情，决不忘恩。老祖所作所为，我看在眼里，记在心中。回到北平以后，给她写了一封长信，称她为“老季家的功臣”。听说，她很高兴。见了自己的娘家人，详细通报。从此，她再也不斜着眼看我了，我们两人之间的关系处得十分融洽，互相尊重。

妻子彭德华这些年也不容易。虽说婚姻是包办的，而且她的文化程度很低，对季羡林搞的学问一窍不通。在文化上，他们夫妻之间没有共同语言。但是，她这些年，含辛茹苦，勤勤恳恳，功不可没。上有公婆，下有稚子幼女，丈夫十几年不在家，公公又难侍候，家里又穷，但是她都挺过来了。她究竟吃过多少苦，从来也不说。季羡林对她的评价是：

> 在道德方面，她是超一流的。上对公婆，她真正尽到了孝道；下对子女，她真正做到了慈母应做的一切；中对丈夫，她绝对忠诚，绝对服从，绝对爱护。她是一个极为难得的孝顺媳妇，贤妻良母。她对待任何人都是忠厚诚恳，从来没有说过半句闲话。她不会撒谎，我敢保证，她一辈子没有说过半句谎话。如果中国将来要修“二十几史”，而且其中又有什么“妇女列传”或“闺秀列传”的话，她应该榜上有名。
>
> ——《寸草心·我的妻子》

由于当时战乱，再加上叔父有病，孩子上学等困难，季羡林没有把家眷带回北平。直到1962年叔父去世后，老祖同妻子彭德华才从济南搬到北京，与季羡林团聚。

季羡林这次回济南，把家中的事安顿妥善了，又停留了几天，然后只身回到北平，重新过着独身的清苦生活。

欧洲已决定不去了，留在国内又不能从事梵文研究，他心中的疙瘩仍然没有解开。在学术研究上，他究竟该何去何从呢？他想来想去，在当时的情况下，也只好顺时应势，有多大碗吃多少饭，到什么坡唱什么歌了。

他在哥廷根大学汉学研究所图书室读书时，因为觉得有趣，曾随手从《大藏经》和笔记丛刊中，抄录了一些有关中印关系和比较文学史方面的资料。当时并没有想毕生从事中印关系史和比较文学史的研究工作，只是觉得这件工作很有意义，值得去做。

现在想来，在目前情况下，搞一搞这方面的研究，倒不失为一个好主意。因为尽管中国图书馆缺乏有关印度方面的材料，可是中国典籍浩瀚无量，至少中国一边的资料是取之不尽，用之不竭的，而且这个课题至少还跟印度沾边，不至于十年工夫，前功尽弃。经过反复思考，他决定自己今后的研究工作，就从中印关系史和比较文学史这两个方面下手。这就是季羡林后来之所以从事这两个方面学术研究的原因。当然，随着研究的深入，比较文学史研究逐渐扩大为比较文化史研究，又从中印比较文化史研究进而扩展为东西方比较文化史研究。这些研究都取得了重大的成果。

乱世孤独

季羡林在红楼住了一段时间后，就搬进了翠花胡同文科研究所。翠花胡同在沙滩南面，与红楼间只隔一条马路，咫尺之遥。翠花胡同名称虽然很美，却有着令人恐惧的历史。文科研究所所址，就是著名的“东厂”，明代大奸佞魏忠贤的特务机关就曾设在这里。当时这里面被杀的人不计其数。传说里面闹过鬼，一般人是不敢进去的。北京大学教授白化文先生当年正在念高中，曾在翠花胡同住过。他有一段回忆，不妨照录如下，读者从中可以得到一点感性认识：

解放前的文科研究所，就说1947—1948那会儿吧，一进门是一个小院，两厢相对的，一厢是中文系统的“语音乐律研究室”，那似乎是刘半农

（夏）先生创办的，当对常住的是周燕孙（祖谟）先生。周先生除了自己的语言文学方面的研究和教学任务外，似乎还在编研究所的刊物《国学季刊》。另一厢常住的则是考古系统的宿季庚（白）先生。再往里还有几层院子，可就不敢进去了。据说那里原来是明朝东厂宦官审讯设私刑之处，弄死人是常事。还有过去那院子的房子里停满了棺材的传说。总之，是个阴气森森的地方，冤魂聚居之处。我生来胆子就小，经这种传说一吓唬，到现在也没敢进去过。只有一个人住在那里，独自掌管好几层大院子，那就是季希逋（羡林）老师。

那时候季先生也就三十六七岁，看上去比实际年龄还要年轻一些，不过三十岁上下的样子。高高的个子，瘦瘦的体态，一副严肃认真的面容。许多人告诉我，这是一位懂得极为深邃古奥的多种古代东方语言的大专家，胡适之校长特聘来的教授和系主任。于是我对知识分子名人崇拜的心理大大膨胀，看到季先生进出研究所，感到真是“从容出入，望若仙人”。我还觉得，一位敢于单独住在那样一个深宅大院中的高级知识分子，一定是参透了天人三界的人；一位甘愿在近似大庙荒斋之处生活的人，一定在寂静中追求什么，除了钻研学术，我想不出还有别的。

——《鲁殿灵光在，梵天寿量高》

其实，季羡林虽然一生研究佛学，但并不信鬼神。他多次声称，自己是一个俗人，七情六欲都有，感情极为丰富。他并没有参透天人三界，孤独寂寞倒是真的。

他孤零零地一个人住在这又深又大的院子里，从外面进去，也要走好长时间，越走越静，连自己的脚步声都听得清楚。最后，等到脚步声成了空谷足音的时候，他住的地方便到了。院子里早年的富贵气象早已成为陈迹，但是阴森凄凉的气氛却原封未动，再加上走廊上陈列的那些古代的石棺石椁，古代刻着篆字和隶书的石碑，仿佛进入了古墓。因为他住在这样恐怖的地方，平时来往颇多的朋友，也很少有人来访问。万一有事，不得不来，也一定在大门口向工友打听再三，确认他在家，才有勇气走过深深的院子，来到他的屋子。这一时期，季羡林不但居住环境幽僻，心情也是很寂寞的。他写道：

我是不是有寂寞感呢？应该说是有的。当时是“万家墨面没蒿莱”的时代，北京城一片黑暗。白天在学校里的时候，同青年同学在一起，从他们那蓬蓬勃勃的斗争意志和生命力里，还可以吸取一些力量和快乐，精神十分振奋。但是，一到晚上，当我孤零一个人走回这个所谓的家的时候，我仿佛遗世而独立。没有人声，没有电灯，没有一点活气。在煤油灯的微光中，我只看到自己那高得、大得、黑得惊人的身影在四面的墙壁上晃动，仿佛是有一个巨灵来到我的屋内，寂寞像毒蛇似的偷偷袭来，折磨着我，使我无所逃于天地之间。

——《马缨花》

上面说了季羡林在沙滩时期的“住”，下面再说一说他在沙滩时期的“吃”。

北大校内有可包饭的食堂，但是多数北大的老师和学生，是不吃包饭的，而是去学校附近的饭馆就餐。季羡林孤身一人，回家也没有饭吃，也就只好在学校附近的饭馆解决一日三餐的问题了。他回忆道：

红楼对面有一个小铺，极为窄狭，只有四五张桌子。然而老板手艺极高，待客又特别和气。好多北大的教员都到那里去吃饭，我也成了座上常客。马神庙则有两个极小但著名的饭铺，一个叫“菜根香”，只有一味主菜：清炖鸡。然而却是宾客盈门，川流不息，其中颇有些知名人物。我在那里就见到过马连良、杜近芳等著名京剧艺术家。路南有一个四川饭铺，门面更小，然而名声更大，我曾看到过外交官的汽车停在门口。顺便说一句，那时北平的汽车是极为稀见的，北大只有胡适校长一辆。这两个饭铺，对我来说是“山川信美非吾土”，价钱较贵。当时通货膨胀骇人听闻，纸币上每天加一个0，也还不够。我吃不起，只是偶尔去一次而已。

我有时竟坐在红楼前马路旁的长板凳上，同“引车卖浆者流”挤在一起，一碗豆腐脑，两个火烧，既廉且美，舒畅难言。当时有所谓“教授架子”这个名词，存在决定意识，在抗日战争前的黄金时期，大学教授社会地位高，工资又极为优厚，于是满腹经纶外化而为“架子”。到了我当教授的时候，已经今非昔比，工资一天毛似一天，虽欲摆“架子”，焉可得哉？而我又是天生的“土包子”，虽留洋十年，而“土”性难改。于是以大学教授之“尊”而竟在光天化日之下，端坐在街头饭摊的长板凳上却又怡然自得，旁人谓之斯文扫地，我则称之源于天性。是是非非，由别人去钻研讨论吧。

——《我眼中的张中行》

说完了季羡林在沙滩时期的“住”和“吃”，读者便可以对季羡林当时的生存状态有一个大概的了解了，也可以从中窥出当时中国教授生活困窘之一斑。像著名教授朱自清先生挨饿，陈寅恪先生卖书买煤取暖，这样的事在当时是不足为奇的。

烽火遍地，物价飞涨，经济拮据，这已经使刚留学归来的季羡林感到惶惑不安；国内资料匮乏，研究工作无法继续，则是他心中的至痛，更兼妻子儿女远在济南老家，自己有家而不能享受天伦之乐，孤身一人住在枯井般寂静的翠花胡同文学研究所内，终日形影相吊，寂寞之感时时袭上心头，这一切，使他内心感到万般痛楚与无奈。回想当年在德国留学期间，虽然有轰炸、饥饿和孤独的种种折磨，然而却有书可读，有文章可写。那种在饥肠辘辘中，焚膏继晷，兀兀穷年的生活，对一个学者来说，总比终日无所事事混日子好得多。但是，人必须面对现实，既然自己选择了回国的道路，也就只好顺时应势地生活下去。

知遇之恩，永生难忘

在中华人民共和国成立前的三年中，季羡林虽然感到万般无奈与寂寞，但是，在那“万家墨面没蒿莱”的日子里，也有令他愉快和欣慰的事。

一件事是他能够常常与恩师陈寅恪先生见面，聆听陈寅恪先生的教诲，向他请教学术方面的问题。这对季羡林来说，是莫大的幸事，也是他最愉快的时刻。

抗战胜利后，1946年清华大学在北平复校。10月，陈寅恪先生携妻女从南京北上，返回清华任教。当时季羡林住在城内，陈寅恪先生住在西郊清华园，相距甚远。即使在今天，从沙滩到清华园，乘公共汽车也需要一个多小时，何况在当年。当时从北京城到清华园，宛如一次短途旅行。沿途几十里全是农田，十分荒凉，有时半道还真有打劫的，现在的年轻人是很难想象的了。但季羡林一得知陈寅恪先生返回清华的消息，便立即前往清华园拜见他。季羡林曾经写道：“有陈先生在，我是决不会惮于这样的旅行。”可见季羡林对陈寅恪先生的崇敬之情。

在三年内，季羡林多次到清华园去拜谒陈寅恪先生。季羡林知道陈寅恪先生年老体弱，最喜欢当年住北京的天主教外国神甫亲手酿造的栅栏红葡萄酒，便到神甫的静修院（今车公庄市委党校）的地下室去买了栅栏红葡萄酒，带到清华园去。几瓶红葡萄酒现在算不了什么，但是在通货膨胀，物价飞涨的当年，几瓶红葡萄酒，也是非同小可的事。

有一年春天，中山公园的藤萝开满了紫色的花朵，累累垂垂，紫气弥漫，招来了不少游人。季羡林与周一良、王永兴、汪篯等陈寅恪先生的弟子，请陈寅恪先生到中山公园赏花散心，陈寅恪先生慨然应诺，弟子们大喜过望。在中山公园来今雨轩藤萝深处，找到一个茶桌，弟子们在一旁侍陈寅恪先生观赏紫藤，气氛十分欢快。陈寅恪先生当时已几近失明，虽然只能影影绰绰地看到藤萝花的紫色，但兴致极高，同弟子们谈笑风生，大家尽欢而散。这也是那个年头里，季羡林最愉快的时刻。

还有一件与陈寅恪先生有关的事，使季羡林终生难忘。

1947年冬，天气大寒，煤价猛涨，就连陈寅恪先生这位被称为“教授的教授”的学界泰斗竟然也没有钱买煤取暖。季羡林得知此事后，立即报告了当时的北大校长胡适先生。胡适先生是最爱才的人。当年他推荐并无学历的王国维先生到清华国学研究院去任教，一时传为佳话。陈寅恪先生在《王观堂先生挽词》中有诗曰：“鲁连黄鹞绩溪胡，独为神州惜大儒。”（胡适先生为安徽绩溪人——笔者注）指的就是这件事。这一回轮到胡适先生再次“独为神州惜大儒”了，而这个“大儒”不是别人，正是陈寅恪先生自己。

胡适想赠送陈寅恪先生一笔数目颇大的美元，但是陈寅恪先生拒不接受。最后，陈寅恪先生决定用卖掉藏书的办法来取得胡适先生的美元。于是胡适便责成季羡林来办理此事。季羡林乘胡适先生的汽车，到清华园新南院52号陈先生家，装了满满一车西文关于佛教和中亚古代语言的极为珍贵的书。陈寅恪先生只收2000美元。这个数目在当时虽然不算少，然而同书的价值比起来，是微不足道的。在这批书中，仅一部《圣彼得堡梵德大词典》市价就远远超过这个数目。这批书实际带有捐赠性质。陈寅恪先生对于金钱一介不取，令季羡林大为感动，季羡林对他更加崇敬。

在这三年中，季羡林与陈寅恪先生往来频繁。季羡林写了一篇《浮屠与佛》的文章，乘到清华园拜访陈寅恪先生之便，给陈寅恪先生读了一遍，因为当时陈寅恪先生眼睛已经完全失明。《浮屠与佛》主要探讨汉译“浮屠”与“佛”字谁先谁后的问题。当时胡适与陈垣二位先生为此争论得面红耳赤，似乎双方都动了感情。因为佛教最初并不是直接由印度传到中国的，而是通过中亚各国的媒介传入的。只有掌握古代中亚语言的人才能解决这个问题，而季羡林恰恰就是这样的人。于是，他利用自己掌握吐火罗文的优势，解决了这一难题。

陈寅恪先生听完季羡林的文章后，大加赞赏，立即推荐给中央研究院《历史语言研究所集刊》发表。该刊是当时国内最具权威性的学术刊物。季羡林的文章在该刊第二十本上发表后，“一登龙门，身价十倍”。季羡林的名字，遂为国内学人所知晓。

当时，远在武汉大学任教的吴宓先生，在1948年8月28日的日记中曾写到此事：“晚读唐长孺携借之中央研究院《历史语言研究所集刊》第二十本（上册）完。三十七年七月出版。首为陈寅恪《元微之悼亡诗与艳诗笺证》。中有季羡林《浮屠与佛》，谓浮屠乃印度梵文Buddha之对音，汉时即入中国，且通用。其后佛之单音自中亚细亚诸国［吐火罗文B

（较古）龟兹文Pud，吐火罗文A（较近）焉耆文Pat］译语传来，遂替代前名。实则此二字渊源不同，佛非佛陀之简省也。云云。”（吴学昭：《吴宓与陈寅恪》126页）可见季羡林此文影响之广，也可见陈寅恪先生的提携扶植，对季羡林在学术上的成功，起过多么重要的作用。

季羡林对陈寅恪先生的恩情，一直铭记在心，不曾忘记。1995年，即陈寅恪先生在“文化大革命”中被折磨致死后二十五年，中山大学举办了“陈寅恪学术研讨会”。季羡林在会上作了长篇发言，详尽地阐述了陈寅恪先生的思想与学术成就，给予极高的评价。同年12月，他又写了《回忆陈寅恪先生》一文，文中写道：

> 生平帮过我的人无虑数百。我要举出人名的话，我首先要举出的，在国外有两个人，一个是我的博士论文导师瓦尔德斯米特教授，另一个是教吐火罗文的老师西克教授。在国内的有四个人：一个是冯友兰先生，如果没有他同德国签订德国清华交换研究生的话，我根本到不了德国。一个是胡适之先生，一个是汤用彤先生，如果没有他们提携的话，我根本来不到北大。最后但不是最少，是陈寅

恪先生。如果没有他的影响的话，我不会走上现在走的这条治学的道路，也同样是来不了北大。至于他为什么不把我介绍给我的母校清华，而介绍给北大，我从来没问过他，至今恐怕永远也是一个谜。

我不是一个忘恩负义的人。我一向认为，感恩图报是做人的根本准则之一。但是，我对他们四位，以及许许多多帮助过我的师友怎样“报”呢？专就寅恪师而论，我只有努力学习他的著作，努力宣扬他的学术成就，努力帮助出版社把他的全集出全，出好。

季羡林还深情地写道：

现在我的年龄已经超过了他在世的年龄五年，算是寿登耄耋了。现在我时常翻读他的诗文。每读一次，都觉得有新的收获。我明确意识到，我还未能登他的堂奥。哲人其萎，空余著述。我却是进取有心，请益无人，因此更增加了对他的怀念。我们虽非亲属，我却时有风木之悲。这恐怕也是非常自然的吧。

这便是季羡林与其恩师陈寅恪先生之间一段非同一般的情谊。

在这三年中，还有另一件事令季羡林感到十分愉快，而且终生难忘。这便是与胡适先生的一段交往。

从年龄上来看，季羡林与胡适相差一个辈分。当季羡林还在上中学时，胡适已经是大名鼎鼎的北大教授。从社会地位来讲，季羡林与胡适也相差悬殊。季羡林当时不过是北大东方语言文学系一位年轻的系主任，而且刚从国外留学归来，学术成果不多，在国内学术界还鲜为人知。而胡适则早已是著作等身、誉满士林的大学者，并且还热心于政治活动，有很高的社会知名度。他第二次世界大战期间曾任驻美大使四年。战后，从美国回来，任北大校长，同时热心社会政治活动，在中国是一个人人皆知的公众人物。按说，两个人的差距如此之大，本不应该有过多的交往。可是，事实上却不是这样。

季羡林当时身为北大东方语言文学系系主任，经常要向胡适请示汇报工作。他们又同是北大教授会的成员，同是北大文科研究所的导师，同是北京图书馆的评议会成员，因此见面的机会是很多的。此外，还有一件事使他们的联系更多起来。当时印度尼赫鲁政府派到北大一位访问教授师觉月博士和十几位研究生。胡适对印度研究很重视，很感兴趣，他对汉译佛经相当熟悉，因此对这批印度客人十分关心。

因为季羡林是东方语言文学系系主任，胡适很自然地把接待和照顾这批印度客人的任务交给季羡林。胡适亲自主持欢迎会欢迎这批印度客人，还用英语致了热情的欢迎词。他多次会见师觉月博士和印度留学生。这些活动，胡适都要求季羡林参加。有关印度客人的学习及生活安排情况，季羡林都要及时向胡适汇报。这样，两人之间的接触便更加多起来。

在学术研究方面，季羡林也同胡适有过交往。前面提到的《浮屠与佛》一文，正是因为季羡林偶读《胡适论学近著》，了解到因为汉译"浮屠"与"佛"字，谁先谁后的问题，胡适正同陈垣先生争论，才动了写作的念头。文章发表后，令胡适吃惊不小，从而对这位年轻教授另眼相看。

1949年，季羡林又写了一篇论文：《列子与佛典》。他在文章里用了大量佛经的材料，论证了《列子》一书伪造的时间，这也是长期以来学术界争论不休的问题。文章写完后，他送给胡适看。胡适连夜看完了文章，立即写了回信。信中夸赞道："《生经》一证，确凿之至。"从语气上便可看出，胡适对季羡林文章的赞赏。

也许因为季羡林这两篇文章给胡适留下的印象太深，胡适晚年在台湾任研究院院长时，在一次下午饮茶的时候，他对年轻的研究人员说：做学问就应该向北京大学的季羡林那样。这是1999年季羡林访问台湾时，台湾的李亦园院士亲口告诉他的。听完此话，季羡林震惊之余，百感交集。胡适先生直到晚年还关注着自己的学术研究，并且对自己的学术水平作出如此高的评价。顿时，知己之感，知遇之恩，油然而生。

以上便是三年中，季羡林与胡适交往的一些情况。

1948年冬，北平西山的红叶依旧火红，古都的街市平静如常。但这是一个不平常的冬季，在这个冬季里，发生了自1911年清朝覆灭以来，中国历史上最大的一次政权更替。

1948年12月上旬，几十万共产党东北野战军已经把北平团团围住，毛泽东指示“围而不打，耐心等待”。目的是保护这座中国最大的文化古都。12月中旬，处于西北郊的清华大学一带，已为解放军占领。可是此时北平城内人心并不惶惶，北大的教师和学生也并不惶惶。在人们的内心里，对国民党政权的腐败与专横，已深恶痛绝，这个政权已经民心丧尽，注定了失败的命运。虽然当时人们对共产党并不十分了解，但多数人都抱着一种期待和欢迎态度，静静地等待共产党大军入城。

1948年12月15日，北京大学校长胡适，在南苑机场匆忙登上一架小飞机，逃离北平，向南京方向飞去。与胡适同机南飞的是清华大学著名教授陈寅恪先生。蒋介石政权在崩溃前夕，作出了三项重要决策："抢运黄金白银和外汇""抢运文物精品"和"抢运学人"。1949年运抵台湾的黄金即达数百万两，文物精品五千多箱。而最后一项"抢运学人"的活动，却令蒋介石大失所望。在胡、陈二位乘机抵达南京后，21日，另一架从北平起飞"抢运学人"的飞机抵达南京机场。胡适亲自在南京机场恭候。飞机舱门打开，他满怀希望能同老朋友见面。然而除了三四位之外，所有他想接的人都没有走出机舱。据说，胡适当时大哭一场。

正当所有人都认为胡适与陈寅恪这两位中国顶尖级的学者会追随蒋介石政府到台湾去的时候，传来的消息却令人大吃一惊。陈寅恪先生携妻带女，抵达南京后，只住了一个晚上，便赶赴上海，最后辗转到了广州，在岭南大学留了下来，任中文系与历史系教授，并没有去台湾。

胡适最终也没有追随蒋介石去台湾。1949年4月，他从上海乘海轮去了美国，过着客寓异乡的寓公生活。直至20世纪

50年代，他才去了台湾，任台湾研究院院长。

胡、陈二位先生为什么离开北平南下，又没有去台湾，作为晚辈的季羡林当时是无从知晓的。实际上，至今这个谜团也没有解开。但是，二位恩师匆忙离去，而且从此云天相隔，在季羡林心中留下的却是无限的惆怅和遗憾。

1949年1月，国民党驻守北平的傅作义将军，审时度势，顺应民意，同意接受共产党和平解放北平的方案，北平又一次免遭兵火之灾，得以“和平解放”。22日，傅作义部队开始撤出北平，同时，雄赳赳、气昂昂的解放军开进了北平城，受到市民的夹道欢迎。

中国历史从此掀开了新的一页。

季羡林的人生旅途也随之开始了新的征程。

第五章　高山仰止，景行行止

人格魅力

20世纪80年代初，季羡林已经年逾古稀，满头银发，额头上增添了许多皱纹，看上去俨然一老翁的样子。正如臧克家在1980年写的一首诗《赠季羡林同志》中所描写的："朴素衣裳常在眼，遍寻黑发一根无。"但是，季羡林自己却"一点老的感觉都没有"。他终日笑容满面，精神矍铄，像年轻人一样骑着自行车在校园里穿梭，骑车的速度之快让家里人常常替他担心。

此时，季羡林身兼数十个职务，终日公务缠身，忙得不可开交。虽说这些职务有"实"的也有"虚"的，但是光北大副校长、南亚研究所所长这两个"实打实"的职务集于他一人之身，就已经是超工作量了。全国人民代表大会常务委员会委员也不是个闲差。全国人民代表大会常务委员会是我国最高国家权力机关的常设机构，每两月开会一次。其他各种学会会长、副会长、理事，虽说是个“挂名”，但开会总是免不了的，自然占去不少时间。

季羡林打心眼里不想做官，更不愿意做个“开会专业户”。他是个学者，他的主要兴趣是研究学术，过去三十年已经浪费掉许多宝贵的时间，现在政治环境相对宽松了，正是他搞学术研究的大好时机，不能再错过了。但是碍于形势，有的职务很难推辞，便答应下来了。没想到一开了先例，各种职务便接踵而来。那就只好挤时间了。像鲁迅说的：“把别人喝咖啡的时间用在写作上。”他仍然凌晨4点起床，伏案写作，8点以后去上班。再利用晚上时间加班加点地读书、写作，连节假日也全部搭进去了，甚至把时间的“边角废料”都利用起来。几年下来，他的“政务”没有耽误，圆满完成了任务；学术研究也获得了大丰收，取得了前所未有的辉煌成就，而且创作了数十篇精美的散文。季羡林竟然做到了“鱼与熊掌兼得”，这实在不能不令人由衷敬佩，惊叹折服。

季羡林是怎样做到这一点的呢？难道他有什么“秘诀”吗？还是听一听他自己是怎样说的吧：

时间就是生命，这是大家都知道的道理。而且时间是一个常数，对谁都一样，谁每天也不会多出一秒半秒。对我们研究学问的人来说，时间尤其珍贵，更要争分夺秒。但是各人的处境不同，对某一些人来说就有一个怎样利用时间的“边角废料”的问题。这个怪名词是我杜撰出来的。时间摸不着看不见，但确实是一个整体，哪里会有什么“边角废料”呢？这只是一个形象的说法。平常我们做工作，如果一整天没有人和事来干扰，你可以从容濡笔，悠然怡然，再佐以龙井一杯，云烟三支，神情宛如神仙，整个时间都是你的，那就根本不存在什么“边角废料”问题。但是有多少人有这种神仙福气呢？鲁钝如不佞者几十年来就做不到。

新中国成立以来，我搞了不知多少社会活动，参加了不知多少会，每天不知有多少人来找我，心烦意乱，啼笑皆非。回想十年浩劫间，我成了“不可接触者”，除了蹲牛棚外，家里也是门可罗雀。《罗摩衍那》译文八巨册就是那时候的产物。浩劫一过，我家又是门庭若市，而且参加各种各样的会，终日马不停蹄，我从前读过马雅可夫斯基的《开会谜》和张天翼的《华威先生》，觉得异常可笑，岂意自己现在就成了那一类人物，岂不大可哀哉！

但是，人在无可奈何的情况下是能够想出办法来的。现在我既然没有完整的时间，就挖空心思利用时间的“边角废料”。在会前、会后，甚至在会中，构思或动笔写文章。有不少会，讲话空话废话居多，传递的信息量却不大，态度欠端，话风不正，哼哼哈哈，不知所云，又佐之以“这个”、“那个”，间之以“唵”、“啊”，白白浪费精力，效果却是很少。在这时候，我往往只用一个耳朵或半个耳朵去听，就能兜住发言的信息量，而把剩下的一个耳朵，或一个半耳朵全部关闭，把精力集中在脑海里，构思，写文章。

当然，在飞机上，火车上，汽车上，甚至自行车上，特别是在步行的时候，我脑海里更是思考不停。这就是我所说的利用时间的“边角废料”。积之既久，养成“恶”习，只要在会场一坐，一闻会味，心花怒放，奇思妙想，联翩飞来；“天才火花”，闪烁不停；此时文思如万斛泉涌，在鼓掌声中，一篇短文即可写成，还耽误不了鼓掌。倘多日不开会，则脑海活动，似将停止，“江郎”仿佛“才尽”，此时我反而希望开会了。这真叫做没有法子。

——《季羡林自传》

这真是一段绝妙的文字。初看让人忍俊不禁，继而令人感慨万端，最后使人黯然神伤。会议组织者不妨读一读季羡林这段文字，从而了解一点开会的真实效果，以免浪费参会者的宝贵生命。

季羡林说：“我不是做官的料。”可是几十年来，命运又使他与官场结下了不解之缘。季羡林是怎样做“官”的呢？用“兢兢业业”和“铁面无私”两个成语来概括，大概绝不会过分。下面就举两个例子来说明。

1984年2月22日《人民日报》刊登过杨匡满写的文章：《为了下一个早晨》，这是一篇介绍季羡林事迹的报告文学。其中有一段是谈他怎样履行北大副校长职责的，不妨将原文照录如下，以供读者了解季羡林做“官”的实况：

有一天晚上，他已经躺下了，电话铃响了。

“季副校长，我们这楼停水了。”

“我家里也没水。”

“那请你赶快反映反映吧！”

“行行行！”

谁让他没有架子呢？别人什么事都愿意找他。

有人在他的桌上发现过这样的纸条：“学生开饭时间有十一点一刻，十一点半，十一点三刻三个方案，据学生反映，倘十一点一刻开饭，晚下课去就吃不上好菜……”

这是这位一级教授亲笔记下，准备在校长办公会议上发言用的。他生气地感慨道：“就一个熄灯打铃的问题，讨论了几年还没有解决。”

“谁让他没架子呢？别人什么事都愿意找他。”这句话概括了季羡林是怎样做官的。季羡林担任副校长那阵子，经常可以看见他着骑着自行车在校园里东奔西跑的身影，他那满头的白发十分惹眼，远远地就能看出来。像修水管、食堂开饭时间、打熄灯铃一类“鸡毛蒜皮”但又关系群众切身利益的事每天多如牛毛，都要他去解决。而他要解决这些问题，只靠发号施令是行不通的，常常还要亲自向有关部门的“老爷们”低三下四，求爷爷告奶奶，才能解决。这哪里像个“官”呢？可季羡林就是这样“兢兢业业”地做官的。

再说说季羡林的“铁面无私”。

季羡林从来都是严于律己，以身作则的。在当“官”以后，更是坚持原则，不徇私情，不开后门。下面也举一个小例子来说明。

20世纪80年代初，臧克家的女儿苏伊想在北大南亚研究所谋一个一般职员的工作。当时季羡林恰好担任南亚研究所所长，这样的事只要他点个头就能办到，但是由于苏伊不具备进入南亚研究所的条件，最终还是被季羡林婉拒了。

季羡林与臧克家是四十多年的老朋友，又是老校友，老乡。前文中曾提到，季羡林回国到了上海，就曾住在臧克家家中，在他家的榻榻米上睡过好些日子。中华人民共和国成立后，他们过从甚密，每年春节，季羡林必定要从北大进城去，到臧克家住处拜年。臧克家曾鼓励季羡林入党。他们完全可以称得上是“莫逆之交”，甚至可以说臧克家是季羡林为数不多的几个最亲密的朋友之一。可是，这样的老友有求于他时，他仍然坚持原则，秉公办事，没有开后门。这样的事在今天说起来恐怕都没有人会相信。为了保持事件的真实性，下面引用臧克家的夫人郑曼女士在《我崇敬的季羡林先生》一文中的回忆：

季先生的言语、行动，都是一是一，二是二，不拐弯抹角，不来什么客套，怎么想，就怎么说。记得八十年代初，小女苏伊因为不习惯工厂车间的噪音，进厂半年，就得了高血压症。她坚持了五六年，实在不行了，我们就托季先生把她安排在他主持的南亚研究所里当一名职员，换换环境，可以接触一下文化气氛。季先生听了，马上约苏伊去谈话。我陪苏伊去见季先生。

他问苏伊："你读过《大唐西域记》没有？这可是南亚所的入门书，到我们所，都得先考这本书。"当时，苏伊毕业于师大女附中高中，哪里读过什么《大唐西域记》？我们原以为只考考一般常识，一听，就傻了。回家后，赶紧向图书馆借书突击。不久，我所在的人民出版社招考校对，苏伊被录取；一年后，她又被调往中国作家协会，派给她父亲当秘书，就没有去南亚所应考。我们都认为季先生按南亚所规章办事，是完全应该的，这正是季先生严守职责的高尚品格。

郑曼女士（当然也包括臧克家在内）是个深明大义的人。她没有把季羡林秉公办事、不开后门、婉拒她女儿入南亚研究所的事看作不近人情，反而称赞季羡林这样做“是完全应该的”，是“严守职责的高尚品格”。但是，并非所有的人都有这么高的“觉悟”，所以季羡林做官，由于他一贯坚持原则，有时也会遭到个别人的非议，但是却受到绝大多数人的拥戴和尊敬。

有一次，季羡林在校园里的路上走着，忽然有一辆自行车停在他的面前。一个学生模样的年轻人从车上下来，向季羡林问道：“您是季羡林教授吗？”“是我。”季羡林答道。“季先生，我没有什么事。我只想当面向您说一句：‘我很敬佩您’。”说完，年轻人又转身上车，飞驰而去。

另一次，季羡林正与一位教师在校园里同行。迎面开过来一辆轿车，轿车开到他们面前，戛然而止。从车上下来一位陌生的年轻人。他走到季羡林面前，双手合十，向季羡林深深地鞠了一躬。当他知道季羡林要去的地方后，便请季羡林上车，可是被季羡林谢绝了。之后，这个年轻人又向季羡林深深地鞠了一躬，便回到自己的车里。他开着车跟随在季羡林之后，缓缓地行驶。季羡林多次站在路边招手示意他开过去，但他仍然慢慢地跟随于后。一直到了岔路口，季羡林停住脚步向这个年轻人招手致意，年轻人在车上按了一下喇叭，才驾着车向另一条路开去。

像这一类的事太多了，说也说不完。群众对季羡林的人格和品德发自内心地敬佩，这不是一般的“官”所能享受到的。在北大教授中能享有这种殊荣的也寥寥无几。

《诗》云：“高山仰止，景行行止。”用这句诗来形容季羡林在人们心目中的威望和地位，是恰如其分的。

物是人非

季羡林万万没有想到，经过了三十五年的漫长岁月后，他又回到了当年留学德国时住过十年的哥廷根。

1980年11月，他率领中国社会科学代表团赴德意志联邦共和国参观访问，其中有一站，便是哥廷根。

他坐在从汉堡到哥廷根的火车上，简直不敢相信这是事实。他频频地问着自己，难道这是梦吗？可是车窗外的景物和行人告诉他，这的确是事实。此时，他脑海里面影纷呈，过去三十多年来没有想到的人和事一幕幕地在他脑海里浮现出来。那些尊敬的老师的笑容又呈现在他面前。那像母亲一样的欧朴尔太太慈祥的面容也呈现在他眼前。当然伊姆加德小姐的美丽的面孔，也在他眼前活动起来。那窄窄的街道、街道两旁的铺子、城东小山的密林、密林深处的小咖啡馆、黄叶丛中的小鹿，甚至冬末春初时分从白雪中钻出来的白色小花雪钟，还有很多别的东西，都一齐争先恐后地呈现到他眼前。一霎时，影像纷乱，他心里也像开了锅似的激烈地动荡起来了。

火车停了。季羡林飞也似的跳了下去，踏上了哥廷根的土地。忽然一首唐诗自然而然地涌上心头：

少小离家老大回，
乡音无改鬓毛衰。
儿童相见不相识，
笑问客从何处来？

这座只有十来万人的异域小城，在他心中早已成为自己的第二故乡。他在这里度过的十年，是他青春年少，风华正茂之时，是他一生中最美好的一段岁月。他曾在这里快乐过，苦恼过，追求过，幻灭过，动摇过，坚持过。在这座小城，他决定了一生要走的道路。

在小城中漫步，他心潮汹涌，思绪万端，酸甜苦辣，一齐涌上心头。有欣慰，有惆怅，有追悔，有向往，感情上有一种莫可名状的重压。

哥廷根几乎没有变。市政厅前广场上矗立的有名的抱鹅女郎铜像，同三十五年前一模一样。一群鸽子仍然像从前一样，在铜像周围徘徊，悠然自得。季羡林感到仿佛昨天才离开这里，今天又回来了。他走下地下室，到地下餐厅去吃饭。里面陈设如旧，座位如旧，灯光如旧，气氛如旧，连那年轻的服务员也仿佛就是当年的那一位。他感到仿佛昨天才在这里吃过饭。广场周围的铺子都没有变。那几家著名的餐馆，什么“黑熊”“少爷餐厅”等，都还在原地。那两家书店也都还在原地。总之，他看到的一切同原来一模一样。他甚至怀疑眼前的一切，对自己问道：“我真的离开这里已经35年了吗？”

但是，正如古人所说：江山依旧，物是人非。他想到，在火车上回忆到的那些人，他知道有的已经去世。有的虽不知生死，但如果还活着的话，年龄也已经超过100岁，这些人的生死存亡就用不着去问了。但是，他仍然坚持怀着沉重的心情去访旧。

首先，他要去看一看自己住过整整十年的房子。他知道，母亲般的欧朴尔太太早已离开人世，但是房子还在。他走到那条熟悉的街道，那里依旧整洁如新。从前他经常看到一些老太太用肥皂水来刷洗人行道，现在人行道仍然像是刚刷洗过似的。街拐角那一家食品商店仍然开着，明亮的大玻璃橱窗里面陈列着各种食品。主人却不知道已经换了第几代了。

他走到当年住过的房子外面，抬头向上看，看到三楼他住过的那一间屋子的窗户，仍然同以前一样，摆满了红红绿绿的花草，当然不是出自欧朴尔太太之手。他蓦地一阵恍惚，仿佛自己昨晚才离开，今天又回家了。

他推开大门，大步流星地跑上三楼，来到自己住过的房间门口。他下意识地想用钥匙去开门，但立刻就住了手，因为他醒悟到，现在里面住的是另一家人了。他曾多次梦见这所房子，梦见房子的女主人，如今真的来到房门前，却已物是人非，人去楼空。他在房门外徘徊了片刻，怅然若失地踱下楼。

他下一个打算访问的便是伊姆加德小姐。如前文所述，季羡林与伊姆加德小姐之间曾有过一段“苦涩的爱情”故事。季羡林离开哥廷根以后，曾经同伊姆加德小姐通过几次信，后来就断了音讯。但是，在过去的三十五年中，他从未忘记过这段爱情经历，也从未忘记过伊姆加德小姐。

现在重返哥廷根，虽已年逾古稀，然而年轻时留下的珍贵感情，仍使他希望能借此机会，同伊姆加德小姐见上一面，他早在重返哥廷根的途中就决定了。他的脑海里不时地浮现出当年伊姆加德小姐年轻活泼、如花似玉般的美丽形象，又不断地想象，现在应该年届花甲的伊姆加德小姐，该是一副什么模样呢？他想来想去，却无论如何也想象不出来。

季羡林对伊姆加德小姐的家太熟悉了，他曾经去过不知多少次。伊姆加德家同欧朴尔太太家在同一条街上，相距不远。季羡林从欧朴尔太太家出来，便径直向伊姆加德小姐家走去。

他来拜访伊姆加德小姐，事先没有同她联系，想给她一个惊喜。他来到伊姆加德小姐家门口，心里有点紧张，稍微镇定了一会儿，抬手敲了敲门。他满心希望开门的是伊姆加德小姐。当年的两个年轻恋人，经过几十年的分离以后，大家都变成了白发苍苍、满脸皱纹的老人，再一次相见，那该是多么令人激动兴奋，又多么富有戏剧性的一幕啊！就像在电影里常见到的一样。季羡林脑子里飞速地闪过这样的念头。

可是，门开了，开门的却不是伊姆加德小姐，而是一位陌生的中年妇女。季羡林向他打听伊姆加德的下落。她摇了摇头，客气地说：“对不起，我不知道伊姆加德小姐这个人。”季羡林愕然不知所措。他不知道该说些什么，只好连忙表示歉意，扫兴地退了出来。后来，他又多方打听伊姆加德的下落，始终没有下文。

前文中曾经提到，2000年时，香港电视台的一位女士，为了拍摄季羡林的传记片，曾专程到哥廷根去了一趟。据她说：她终于找到了伊姆加德小姐，并且访问了她。在季羡林重返哥廷根的时候，伊姆加德小姐其实就住在她原来房间的楼上，可惜住在她原来房间的那位新住户不认识她。就这样，阴差阳错地，季羡林与伊姆加德小姐竟擦肩而过，从而使季羡林错过了也许是他一生中最后一次与伊姆加德小姐见面的机会。

不过，后来在好事者们的帮助下，季羡林在90岁的时候终于收到了伊姆加德小姐从哥廷根寄来的贺年片和她80岁的照片，多少得到一些慰藉。但是由于伊姆加德小姐年事已高，已经不能乘越洋飞机来北京与季羡林见面了，令人感到十分惋惜。

命运就是这样捉弄人。人生中往往由于某件偶然的事情，从而铸成了永远的遗憾。

上面说到，季羡林重返哥廷根的印象是：江山依旧，物是人非。幸而人物还没有真正地全非。几十年来他昼思夜想最希望能见到的人，最希望还能活着的人，他的“博士父亲”，瓦尔德施米特教授和夫人仍然健在。教授已经是83岁高龄，夫人比他寿更高，是86岁。

季羡林同他的“博士父亲”及夫人会面的地方，不在他熟悉的教授的家里，而是在一所豪华的养老院里。别人告诉季羡林，教授已经把自己的房子赠给了哥廷根大学印度学和佛教研究所，把汽车卖掉，搬到这所养老院里来了。养老院里富丽堂皇，应有尽有，健身房、游泳池、无不齐备。但是，季羡林想：到这里来的人都是七老八十的人，多半行动不便。对他们来说，健身房和游泳池实际上等于聋子的耳朵。他们不是来健身，而是来等死的。一个人生活在这样的环境中，心情如何，概可想见。话又说回来，教授夫妇孤苦伶仃，不到这里来，又能到哪里去呢？季羡林看见眼前的一切感到有些心酸。

就是在这样一个地方，瓦尔德施米特教授见到了自己几十年没有见面的弟子，而季羡林也见到了他几十年一直想念的“博士父亲”。他们的心情是多么激动，又是多么兴奋啊！但是，在谈话的过程中，季羡林渐渐感到，他的“博士父亲”的晚景并不十分美好。虽然生活条件是一流的，然而心境却很孤独、寂寞。他在回忆中写道：

我一下汽车，就看到在高大明亮的玻璃门里面，教授端端正正地坐在圈椅上。他可能已经等了很久，正望眼欲穿哩。他瞪着慈祥昏花的双目瞧着我，仿佛想用目光把我吞了下去。握手时，他的手有点颤抖。他的夫人更是老态龙钟，耳朵聋，头摇摆不停，同三十多年前完全判若两人了。师母还专为我烹制了当年我在她家里常吃的食品。两位老人齐声说："让我们好好聊一聊老哥廷根的老生活吧！"他们现在大概只能用回忆来填充日常生活了。我问老教授还要不要中国关于佛教的书，他反问我："那些东西对我还有什么用呢？"我又问他正在写什么东西。他说："我想整理一下以前的旧稿；我想，不久就要打住了！"从一些细小的事情上来看，老两口的意见还是有一些矛盾的。看来这相依为命的一双老人的生活是阴沉的、郁闷的。

——《重返哥廷根》

谈话已经很晚了，季羡林站起来，想告辞离开。老教授带着乞求的目光说："才10点多钟，时间还早嘛！"季羡林只好重又坐下。他心里陡然凄凉起来。他想："老教授毕生勤奋，著作等身，名扬四海，受人尊敬，老年就这样度过吗？我今天来到这里，显然给他们带来了极大的快乐。一旦我离开这里，他们又将怎样呢？可是，我能永远在这里待下去吗？我真有点依依难舍，尽量想多待些时候。但是，千里凉棚，没有不散的筵席。”谈话到了深夜，季羡林狠了狠心，向老教授和夫人说了声“夜安”，便站起来，告辞出门。老教授一直把他送下楼，送到汽车旁边，显出难分难舍的神情。季羡林此时也依依不舍、心乱如麻。他写道：

> 此时我心潮翻滚，我明确地意识到，这是我们最后一面了。但是，为了安慰他，或者欺骗他，也为了安慰我自己，或者欺骗我自己，我脱口说了一句话：“过一两年，我再回来看你！”声音从自己的嘴里传到自己的耳朵，显得空荡、虚伪，然而却又真诚。这真诚感动了老教授，他脸上现出了笑容：“你可是答应了我了，过一两年再回来！”我还有什么话好说呢？我噙着眼泪，钻进了汽车。汽车开走时，回头看到老教授还站在那里，一动也不动，活像是一座塑像。
>
> ——《重返哥廷根》

忧国忧民

中国知识分子自古以来有一个传统，就是“忧国忧民”。从屈原的“长太息以掩涕兮，哀民生之多艰”，到杜甫的“穷年忧黎元，叹息肠内热”，再到范仲淹的“先天下之忧而忧，后天下之乐而乐”，一路“忧”下去，到了20世纪的鲁迅，发出了“寄意寒星荃不察，我以我血荐轩辕”的最强音。

这种“天下兴亡，匹夫有责”的忧患意识，当然是一种高尚的情操，一种优良的传统，并且在历史上起过巨大的作用，甚至成为我们民族性的一部分。中国知识分子这种特有的“情结”，却从来不改，反而代代延续。“忧国忧民”，可以说是中国文学史的中心主题之一，远远超过另一个永恒的主题——爱情。

世界各国的知识分子，不能说不关心自己国家的命运、人民的疾苦，他们当然也写过许多“忧国忧民”的杰出篇章。但是同中国知识分子一比，就显得略逊一筹。中国知识分子这种忧患意识，不是基因造成的，而是历史造成的。可是意识一旦形成，便像基因一样，渗透到历朝历代每个知识分子的骨髓和血液中，成为中国知识分子身上延续几千年而未泯的一种传统心理情绪。

世界上能与中国知识分子这种忧患意识相媲美的，大概唯有俄罗斯的知识分子，特别是十八、十九世纪从拉季谢夫到列夫·托尔斯泰那些灿如繁星的作家、文学家、思想家。他们的著作，同样发出了“穷年忧黎元，叹息肠内热”的忧思。

季羡林当然也有着忧患意识，而且比常人更强烈，更深沉，更执着，用“忧患与生同在”来形容，也不为过。他为农民的疾苦而忧，为青年学生的前途而忧，为知识分子的命运而忧，为国家民族的前程而忧，为世界各国人民的生存而忧，为地球生态平衡遭破坏而忧，甚至为小猫小狗、小花小草而忧。真是“进亦忧，退亦忧”，“百忧如草雨中生”。

季羡林是农民的儿子，虽然只在农村生活过短短的六年，但是他和农民天然的血缘关系，使他即使生活在城市里，也倍加关注农民的疾苦。他与农民的这种感情，同从小生长在城市里的知识分子是大不一样的。

就拿下雨这个自然界的现象来说，城里人与乡下人对待它的态度往往是截然相反的。春天，风和日丽，万紫千红，突然阴霾满天，雨雪纷纷，在城里便会造成出行不便，交通拥堵，医院急诊室里人满为患，此时，城里人便会诅咒这鬼天气，怨声载道。可是在农村，农民却称之为“春雨贵如油”，欣喜万分。夏天，烈日当空，骄阳似火，人人汗流浃背，暑热难耐，突然，一阵暴雨袭来，热气一扫而光，凉风习习，此时，城里人便会说：好一场豪雨，下得正是时候。但是，在同一时间，农民却在为场院里晾晒的麦子被雨水浇了而心如刀绞，抱怨老天爷不长眼，下雨也不挑个好时候。

季羡林在这种时候的想法与众不同。他说，自己是“身在曹营心在汉”。人在城里住，心往乡下想。他写道：“我是农民的儿子，在过去，农民是靠天吃饭的。因此，我从识之天的时候起，就同雨结下了剪不断理还乱的深厚感情。”

1995年，北京缺雨，华北也普遍少雨，土地龟裂，禾苗枯黄。此时的季羡林忧心如焚，终日坐卧不宁。在多日没有下过滴雨之后，有一天早晨，他刚刚在装修过的阳台上坐定，忽然阳台顶上盖着的铁板发出了“叮咚叮咚”的清脆响声，似乎是雨滴声，季羡林的精神顿时为之一震，从书桌上抖擞站起来，“漫卷诗书喜欲狂”，推开了手边的稿纸，静坐谛听起来。先是“大珠小珠落玉盘”，接着混成一片，大雨倾盆而下。此时，季羡林心旷神怡，浮想联翩，拿起笔来，写下了著名的散文《喜雨》。

他在另一篇文章《听雨》中写道：

在中国，听雨本来是雅人的事。我虽然自认为还不是完全的俗人，但能否就算是雅人，却还很难说。中国古代诗词中，关于听雨的作品是颇有一些的。连《红楼梦》中的林妹妹都喜欢李义山的“留得残荷听雨声”之句。最有名的一首听雨的词当然是宋蒋捷的《虞美人》……可我为什么今天听雨竟也兴高采烈呢？这里面并没有多少雅味，我在这里完全是一个“俗人”。我想到的主要是麦子，是那辽阔土地上的青春的麦苗。

我生在乡下，虽然六岁就离开，谈不上干什么农活，但是我拾过麦子，捡过豆子，割过青草，劈过高粱叶。我血管里流的是农民的血，一直到今天垂暮之年，毕生对农民和农村怀着深厚的感情。农民最高希望是多打粮食。天一旱，就威胁着庄稼的成长。即使我长期住在城市里，下雨一少，我就望云霓，自谓焦急心情，决不下于农民。北方春天，十年九旱。今年似乎又旱得邪行。我天天听天气预报，时时观察天上的云霓。心忧如焚，徒唤奈何。在梦中也看到的是细雨濛濛。我潜心默祷，祝愿雨声长久响下去，响下去，永远也不停。

可是，对季羡林来说，喜雨和爱花常常会产生一点小小的矛盾。季羡林爱花，在北大是人人皆知的。他特别爱玉兰花，不但在自己窗下亲手种了一棵，而且，每当玉兰花开的时候，只要抽得出时间，他都要长途跋涉，到西山大觉寺去观赏那棵名震京华的老玉兰花树。玉兰花四月开花，恰是北方农村盼望下雨的季节。玉兰花又最怕雨打。雪白如玉的满树玉兰花，一场雨后，就只剩下“春风寂寞摇空枝”了，惨不忍睹。

季羡林爱花，又盼雨，二者是鱼与熊掌的关系，不可得而兼之也。季羡林究竟该割舍哪一个呢？这让他进退维谷，莫衷一是。在经过一场艰苦的“思想斗争”之后，他毅然下了决心，写道：“我宁肯要雨。”

季羡林在北京住了几十年，心里却时时惦念着故乡。20世纪80年代以后，他曾四次返乡。每次回去之前，他心中都惴惴不安。他说："我希望见到农村，但又怕见到的是赤地千里，一片荒芜的农村。"前两次回乡，虽然改革大潮已经在农村兴起，各地农村都出现了新气象，然而他的家乡一带却依然没有什么变化。

稀稀拉拉的庄稼，残破的房屋，农民还在用原始工具劳作，一点现代化的痕迹都没有，映入眼帘的，依旧是一片灰黄。此情此景，使季羡林心里郁悒了好久。后两次回乡，特别是2002年回乡扫墓，家乡的面貌有了巨大的变化：地里庄稼一片油绿，生意盎然，村中红砖小房，鳞次栉比；公路上，行人、自行车、汽车、拖拉机，来来往往，一派繁忙兴旺的景象。季羡林看在眼里，喜在心上，立即写了《故乡行》一文。文中写道："近十几年来，我总共回家四次，目睹家乡旧貌换新颜，一次比一次显著。看到这样的变化，我这个境外游子能不由衷地感到欣慰吗？"

这就是季羡林对农民的切切深情，也是一个农民的儿子的农村情结。

再说说季羡林对青年学生的爱护与担忧。

季羡林一生唯一的职业就是教师。除了当过一年中学国文教员（当然也是教师），其他时间就是在北京大学教书，至今已经有五十七年了。他的弟子、再传弟子，以及第三代、第四代再传弟子，究竟有多少，实在是一个很难统计的数字。说他是现在北大学生的“祖师爷”，名副其实；说他桃李满天下，是毫不夸张的比喻。每逢他的生日，前来给他祝寿的弟子们，总把偌大的礼堂挤得水泄不通，连走道上都站满了人，学生们对他的崇敬之情溢于言表。

据说“至圣先师”孔子，30岁开始聚众讲学，创办了中国历史上第一家“私学”，有“贤人七十，弟子三千”，是中国古代伟大的教育家。孔子73岁去世，算起来，教龄有四十多年，比季羡林还略短一些。至于季羡林的“贤人”和“弟子”能否有孔子那么多，刚才说了，这是个难答的问题。这里绝无将季羡林与孔子相提并论之意，只是想说，称季羡林是当代中国的教育家，一代宗师，应该是名副其实的。

季羡林终生与学生相处，他对青年学生知之甚深，爱之甚切；既有“师”的严厉，又有“父”的慈爱。到了晚年，更有一种祖父对孙辈的宽容与期待。1981年，季羡林进入“古稀”之年，他在当年的《新年述怀》中深情地写道：

我自己一生几乎都在北京大学工作。但在过去的三十几年中，对青年不能说一点感情都没有，但感情总不够深切。原因大概就是自己还没有老，就感觉不到青年之可贵与可爱。今天情况完全不同：越觉得自己老，就越寄希望于青年；越寄希望于青年，就对青年越有感情。我一看到青年，就会想到：世界是他们的，未来是他们的，将来的一切伟大光荣的担子都会加到他们身上。他们浑身洋溢着青春活力，就像那东升的旭日、初绽的鲜花。想到这一些，连我自己仿佛也年轻了起来。

文学余兴

季羡林的散文属于“学者散文”一派。他自己说，写散文是在研究学术之余的一种“余兴”。往往是在研究那些枯燥无味的语言文字时，累了，想歇息一下，换换脑筋，又正赶上“心血来潮”“情动于衷”，于是，便换张桌子坐下，提起笔来，将胸中的激情和感悟，泻于笔端，这样，一篇散文便诞生了。但是这“余兴”并非人们想象的那样，是信手拈来，一挥而就，随意成章的。这不符合他的性格和做事原则。他做事从来严肃认真，一丝不苟。即使是“余兴”，也决不粗疏大意，而是当作正经事来做。他曾说，他的每一篇散文都是“惨淡经营，简练揣摩，煞费苦心”之后才完成的。

季羡林的第一篇散文《文明人的公理》写于1929年1月，

当时他还是一名高中学生。从那时起，他基本上没有中断过散文的写作。说基本上，是因为其中也有间断的时候，即从1946年归国至1961年，在长达十五年的时间里，他只写过4篇散文：《忆章用》（1946年）、《纪念一位德国学者西克灵教授》（1947年）、《到达印度》（1952年）、《歌唱塔什干》（1959年）。个中原因，不言自明，毋庸赘言。其余的时间里，他每年都有少则几篇，多则几十篇散文问世，从未中断过。

季羡林一生究竟写过多少篇散文?

除去杂文、小品、序、跋等不计，单就“纯粹”的散文而言，在1992年编《季羡林文集》时，共收入了7本散文集：《因梦集》《天竺心影》《朗润集》《燕南集》《万泉集》《小山集》和《留德十年》。其中，《留德十年》属于长篇散文。这7本集子收散文203篇，共95万字。

从1992年至2002年的10年是季羡林散文的多产期，又出版了《怀旧集》《赋得永久的悔》《我的心是一面镜子》《朗润琐言》《梦萦未名湖》《人生漫笔》《清塘荷韵——学者随笔八人集》《缀玉集》《漫谈人生》《千禧文存》《新纪元文存》和《牛棚杂忆》等十几个散文集。这些集子由于受到时下“选本热”的影响，新旧散文混杂，1992年以后的新作，难以精确统计，约略估计，总在百篇以上。这样算来，季羡林一生大约写了300余篇散文，其中包括两部长篇散文：《留德十年》和《牛棚杂忆》，总字数在150万字以上。作为一位业余散文作家，能有如此丰硕的收获，这“余兴”也够惊人的了。

至于季羡林散文的特点，虽然已有众家评论发表，每位读者也会有自己的评价，不过，我们最好还是听一听他自己是怎样说的，也许更能帮助我们理解他散文的特点。季羡林在《漫谈散文》中写道：

> 我认为，散文的精髓在于“真情”二字，这二字也可以分开来讲：真，就是真实，不能像小说那样生编硬造；情，就是要有抒情的成分。即使是叙述文，也必须有点抒情的意味，平铺直叙为我所不取。

季羡林提出的“真情”二字，指的是散文的内容、思想、感情。那么，在散文的形式上，也就是在艺术性方面，他的主张又是怎样的呢？要回答这个问题，就必须再引他的一段话：

最近几年，我在几篇谈散文的文章中，提出了一个看法：在中国散文坛上有两个流派。一个流派主张（或许是大声地主张），散文之妙就在一个“散”字上，信笔写来，松松散散，随随便便，用不着讲什么结构，什么布局，我姑且称之为松散派。另一派是正相反，他们写作讲究谋篇布局，炼字铸句，我借用杜甫的一句话：“意匠惨淡经营中”，称此派为“经营派”，都是杜撰的名词。我还指出，在中国文学史上，散文大家的传世名篇无一不是惨淡经营的结果。我窃附于“经营派”。

——《追求一个境界——漫谈梁衡的散文》

季羡林自称“经营派”，所以他认为散文要讲究章法，结构严谨，头尾呼应，炼字炼句。总之，要“惨淡经营”，绝不能随意为之。他反对某些散文家或写作教材中宣传的“散文的诀窍就在一个‘散’字”“随笔的关键就在一个‘随’字”的说法。他举例说：像法国散文大家蒙田的散文，思想内容虽然极其深刻，但在艺术性方面，却是率意而行。因此，“与其说蒙田是个散文家，不如说他是一个哲学家、思想家”。

总起来说，季羡林对散文写作的意见是：思想内容要有真情。不能虚情假意，胡编乱造，无病呻吟；文章的形式上，要讲究章法，语言选用上要狠下功夫。不能松松散散，随随便便。他说：“一篇好的散文，读起来虽然如行云流水，自然天成，实际上其背后蕴藏着作者的一片匠心。”稍有写作经验的人，恐怕都会赞同他的这种看法。

季羡林欣赏的散文，古文中有：司马迁的《报任安书》，陶渊明的《桃花源记》，李密的《陈情表》，韩愈的《祭十二郎文》，欧阳修的《泷冈阡表》，苏轼的《前后赤壁赋》，归有光的《项脊轩志》等。现代作家中，留给他印象最深、最鲜明的是：“鲁迅的沉郁雄浑，冰心的灵秀玲珑，朱自清的淳朴淡泊，沈从文的轻灵美妙，杨朔的镂金错彩，丰子恺的厚重平实。”看了这一长串作者和书单以后，读者对季羡林究竟欣赏什么样的散文，大概心里就有个数了。实际上，季羡林曾经说过，他理想的散文应当是这样的：“淳朴而不乏味，流利而不油滑，庄重而不板滞，典雅而不雕琢。”（《漫谈散文》）

季羡林的散文饱含一片真情，这几乎是有口皆碑的。正如钟敬文先生在《季羡林散文全编·序》中，用四句诗概括的那样："浮花浪蕊岂真芳，语朴情醇是正行；我爱先生文品好，如同野老话家常。"季羡林是一个感情极其丰富的人，又是一个性格十分内向的人。他内心深处的情感很少外露，只有在他的散文中，真情通过文字倾泻出来，读者才能感触到他内心的喜怒哀乐。

从他的散文中，我们看到，他爱母亲的一片痴情（《寻梦》《一双长满老茧的手》《赋得永久的悔》等），他对师辈的缅怀和敬重之情（《我和济南——怀鞠思敏先生》《忆念胡也频先生》《回忆陈寅恪先生》《他实现了生命的价值——悼念朱光潜先生》《西谛先生》《我记忆中的老舍先生》《悼念沈从文先生》《站在胡适之先生墓前》等），他对同学友人的诚挚之情（《忆章用》《春城忆李广田》《怀念乔木》《悼组缃》《悼许国璋先生》等），他对国际友人炽热如火之情（《一个抱着小孩子的印度人》《天雨曼陀罗——记加尔各答》《塔什干的一个男孩子》《在兄弟们中间》等），他对祖国壮美河山的赞颂之情（《登黄山记》《登庐山》《游天池》《富春江上》等），他对燕园、清华园的依恋之情（《梦萦未名湖》《梦萦水木清华》等），他对花鸟虫鱼的怜爱之情（《老猫》《咪咪二世》《喜鹊窝》《幽径悲剧》《怀念西府海棠》等），等等。他有没有愤怒和仇恨之情呢？应该说也是有的，但不多见。一本《牛棚杂忆》便是对一切魑魅魍魉的怒斥和鞭挞。季羡林常说，自己是一个普通人，同大家一样，七情六欲、喜怒哀乐都有。他在散文中，从不隐瞒这种真实的感情，把它毫无保留地写出来，呈现给读者看。

他的一片真情，通过他笔下的文字如涌泉般汩汩流淌。这情感的流水，时而平缓低回，时而汹涌澎湃，时而起伏跌宕，时而“飞流直下三千尺”，时而“幽咽泉流冰下难”。每一篇散文都像一曲交响乐，谱写出他生命的乐章。季羡林一生走过的道路漫长而崎岖，他说：“我走过阳关大道，也走过独木小桥。路旁有深山大泽，也有平坡宜人；有杏花春雨，也有塞北秋风；有山重水复，也有柳暗花明；有迷途知返，也有绝处逢生。”这一切，都可以在他的散文中寻到踪迹。如果说他的“心是一面镜子”，照出了20世纪中国光怪陆离的景象，他的散文同样是一面镜子，在这面镜子里照出的，则是他一生的心路历程和生命形态。

国学大师陈寅恪先生，做学问之余，还写古诗，而且诗写得极好，恐怕同辈写古诗的人无出其右者。但是，陈寅恪先生写诗不是为了发表，只是他生命情绪的一种寄托。他那“留命任教加白眼，著书唯剩颂红妆”的名句，既是他生存状态的写照，也是他在逆境中“不降志、不屈服”精神的阐释。至今读之仍令人感叹不已。季羡林一生忙碌，百忙中仍写散文不辍，其深层原因，恐怕同他的老师陈寅恪先生一样，也是出于一种生命情绪的寄托，而非其他。如果循着这条思路去阅读季羡林的散文，大约会更贴近事实。刻意去挖掘其中的微言大义，必然会挖得愈深，拔得愈高，离事实就愈远。

季羡林散文的艺术特点，已经有许多评论家谈过了，在这里不打算作过多的具体分析，仅就与季羡林散文艺术性有关的几个问题谈一谈个人的看法。

季羡林对文学创作的艺术性历来十分重视。前文中曾经提到，当他还是清华学生的时候，在谈到自己对文学创作的看法时，他在日记里写道：“我要的是永久的东西。”所谓“永久的东西”，就是不赶时髦，不随流俗，不粗制滥造，不写趋时附势、转瞬即逝的作品。他在谈到文学艺术的内容与形式的关系时，又写道：“以前一个时期，我曾主张内容重于形式，现在我以为是不对的……最近我才觉得我的兴趣是倾向象征的唯美的方面的。”这些话清楚地表明，他对艺术性的重视程度。

他之所以“倾向象征的唯美的方面”，是因为受到了当时英国、法国、德国象征派和唯美派作家的影响。这种思潮在当时是很流行的。在他早期的散文中，象征派和唯美派的影响留下了明显的痕迹，如《因梦集》中的《枸杞树》《黄昏》《回忆》《寂寞》《年》等篇就是证明。不过，好在他后来迷途知返，回到了现实主义的道路上来，没有走上象征派、唯美派那种抽象、晦涩、雕章琢句的歧途。但是“倾向象征的唯美的方面”的爱好，对季羡林来说，亦不无裨益，这使他在后来进行散文创作时，在文章艺术性方面孜孜以求，殚精竭虑，下苦功夫，所以能有那么多华章美文问世。

1996年，他在写《学海泛槎——季羡林自述》时，更明确地提出：“讲思想性和艺术性，必须把艺术性摆在前面。”这实际上是他对散文艺术性的一贯看法。关于季羡林散文的风格，不少人都认为是“朴实”“平实”，这当然没有错。但是，季羡林散文的风格绝不仅仅是朴实。

钟敬文先生说：季羡林的散文“文字再朴实不过了，情感再真纯不过了。可是他建造的文学宝塔，却带有繁丽多姿的特点，可以说是一种复调的散文”。钟敬文先生的意见高屋建瓴，极有见地。他对季羡林散文的特点看得很准，理解得很透。他用一个“复调散文”，便抓住了季羡林散文的“真髓”。什么是“复调”？这本是一个音乐的专门术语，指的是“多声部音乐的一种”，即一支乐曲中，若干旋律同时进行而又彼此形成和声，组成一个互相关联的有机整体。钟敬文先生把这个音乐的理论移用到文学上来，名之曰：“复调散文”，并且认为季羡林的散文就是复调散文。

其实，季羡林早在1980年，为香港文学研究会出版《季羡林选集》（散文选集）写的《跋》中，就说过类似的话。他写道：

> 我们写东西，在一篇文章中最好不要使用一种风格，应该尽可能地把不同的几种风格融合在一起，给人的印象就会比较深刻。

在同一篇文章中，他又写道：

> 一定要使一篇散文有变化而又完整，谨严而又生动，千门万户而又天衣无缝，奇峰突起而又顺理成章，必须使它成为一个完美的整体。
>
> 要像谱写交响乐那样来写散文。

读季羡林的散文确有一种仿佛在听乐曲般的感受。《二月兰》不就是一首《悲怆交响曲》吗？《春满燕园》就像

《欢乐颂》；《清塘荷韵》不就是《春之声圆舞曲》吗？《晨趣》就是《晨曲》；《去故国》犹如《思乡曲》；《一座精美绝伦的玉雕像—— 一个幻影》似乎与白居易的诗《花非花》异曲同工，白诗是一首朦胧诗，季文是一篇朦胧散文诗，这不就是一首“无标题乐曲”吗？……他的散文，像他自己说的那样，每一篇的旋律和节奏都不相同，一篇之中，“有一个中心的旋律贯穿全篇”，中间有变化，“千门万户而又天衣无缝，奇峰突起而又顺理成章”，最后，“成为一个完美的整体”。这就是钟敬文先生所说的“复调散文”。

季羡林散文以抒情取胜。他强调说：“散文应该以抒情为主，叙事也必须含有抒情的成分。”抒情主要有两种手法：一种是直抒胸臆，一种是借景抒情。不论哪一种抒情，都必须语言优美，描写生动、形象，也就是需要有一种诗情画意的境界，才能打动读者的心，引起读者的联想和共鸣，达到抒情的目的。季羡林散文中这样的抒情太多了，在这里只举一个例子：

1935年，季羡林在德国留学。一个人在海外漂泊，感到孤独与迷茫。他常常想到故乡和国内的友人，想得最多的是两年前去世的母亲。他多次在梦中梦见母亲，醒来后便号啕大哭。下面一段，就是叙述他对母亲的思念之情，在叙事中加入抒情的成分：

我先想到母亲。母亲死去到现在整二年了。前年这时候，我回故乡去埋葬母亲。现在恐怕坟头秋草已萋萋了。我本来预备每年秋天，当树丛乍显出点微黄的时候，回到故乡母亲的坟上去看看。无论是白雾笼罩墓头的清晨，归鸦驮了暮色进入簌簌响着的白杨树林的黄昏，我都到母亲墓绕两周，低低地唤一声："母亲！"来补偿生前八年的长时间没见面的遗恨。然而去年的秋天，我刚从大学走入了社会，心情方面感到很大的压迫；更没有余闲回到故乡去，而且带了一颗饱受压迫的心，不能得到家庭的谅解，跑到几万里外的异邦去漂泊，一年，二年，谁又知道几年才能再回到故国来呢?让母亲一个人凄清地躺在故乡的地下，忍受着寂寞的袭击，上面是萋萋的秋草。在白杨簌簌中，淡月朦胧里，我知道母亲会藉了星星的微光到各处去找她的儿子；藉了西风听取她儿子的消息。然而所找到的只是更深的凄清与寂寞，西风也只带给她迷离的梦。

——《去故国》

季羡林是驾驭语言的高手，精彩的语言，是他散文成功的重要因素。一般说来，季羡林散文的语言是简单纯朴的，没有过分的雕饰。但是在如行云流水般的句子中，有时偶尔会插入几句或整段，生动形象的、诗一般的句子，读起来给人以生动活泼的印象。如果全篇都是这样的句子，会使人感到厌烦，浓得化不开。但是在平淡无奇的散文句子中，偶尔夹上几句诗化的句子，就会打破文章的平板单调，使人耳目一新。这就像一池平静的春水，风乍起，吹上了几条皱纹，水的平静打破了，却增添了一些美，一些生气。他在《游石钟山记》中，有这样一段描写：

石钟山海拔只有五十多米，摆在巍峨的庐山旁边，实在是小巫见大巫。但是，山上建筑却很有特点，在非常有限的地面上，“五步一楼，十步一阁，廊腰缦回，檐牙高啄，各抱地势，钩心斗角”。今天又修饰得金碧辉煌，美轮美奂。从山下向上爬，显得十分复杂。从怀苏亭起，步步高升，层楼重阁，小院回廊，花圃清池，佛殿明堂，绿树奇花，翠竹修篁，通幽曲径，花木禅房，处处逸致可掬，令人难忘。

在描绘石钟山的景象时，季羡林先引杜牧《阿房宫赋》中的名句，勾画出山上建筑的特点，已经十分贴切。然后又模仿《阿房宫赋》，用了十句对仗工整、用词精当的四言句，写出石钟山的全景：楼阁、院廊、圃池、殿堂、花树、竹篁、曲径、禅房等。季羡林写的后十句，与杜牧的前六句，互相补充，相互映衬，石钟山的全景就和盘托出，尽收眼底，真是匠心独运。但是这种写法需要有扎实的文字功底，一般人是难以做到的。

季羡林的散文不只有上面介绍的“雅”的一面，同时也有“俗”的一面。大雅大俗，雅俗共赏，也是他散文的一大特点。有的时候他把圣言经典、诗词名句与俚语土话错杂相间；中外哲理与奇闻逸事、流行习俗，熔于一炉，形成了他的散文诙谐幽默，妙趣横生，令人忍俊不禁的独特魅力。

季羡林在八十多岁时，仍然头脑清晰，思维敏捷，记忆力惊人；手不发抖，眼不发花，而且文章写得越来越好。季羡林晚年写的散文，古朴老辣，豪情逸致，有一种超尘脱俗的意象。行文挥洒自如，所见所闻，信手拈来，皆成文章；谈古论今，从心所欲，不逾矩。这也算是他近年来散文的特点之一。下面摘引他《九十述怀》中的一段，请读者欣赏这位学术大师的文采：

我是一个呆板保守的人，秉性固执。几十年养成的习惯，我决不改变。一身卡其布的中山装，国内外不变，季节变化不变，别人认为是老顽固，我则自称是“博物馆的人物”，以示“抵抗”，后发制人。生活习惯也决不改变。四五十年来养成了早起的习惯，每天早晨四点半起床，前后差不了五分钟。古人说“黎明即起”，对我来说，这话夏天是适合的；冬天则是在黎明之前几个小时，我就起来了。我五点吃早点，可以说是先天下之早点而早点。吃完立即工作。我的工作主要是爬格子。几十年来，我已经爬出了上千万字……爬格子有没有名利思想呢？坦白地说，过去是有的。可是到了今天名利对我都没有什么用处了，我之所以仍然爬，是出于惯性，其他冠冕堂皇的话，我说不出。“爬格子不知老之将至，名利于我如浮云”，或可能道出我现在的心情。

你想到过死没有呢？我仿佛听到有人在问。

好，这话正问到节骨眼上。是的，我想到过死，过去也曾想到死，现在想得更多而已。在十年浩劫中，在1967年，一个千钧一发般的小插曲使我避免了走上“自绝于人民”的道路。从那以后，我认为，我已经死过一次，多活一天，都是赚的，到现在已经三十多年了，我真赚了个满堂满贯，真成为一个特殊的大富翁了。但人总是要死的，在这方面，谁也没有特权，没有豁免权。虽然常言道：“黄泉路上无老少”，但是老年人毕竟有优先权。燕园是一个出老寿星的宝地。我虽年届九旬，但按照年龄顺序排队，我仍然落在十几名之后。我曾私自发下宏愿大誓：在向八宝山的攀登中，我一定按照年龄顺序鱼贯而登，决不抢班夺权，硬去加塞。至于事实究竟如何，那就请听下回分解了。

前面说过，季羡林的散文属“学者散文”一派。由于他国学功底深，又懂多种外语；饱经忧患，又见多识广；敢说真话，又洞明世事，可谓集史、识、才、情于一身。因此写起散文来任意挥洒，新意迭出；评人论事，妙语如珠；看似漫不经心，实则独具只眼。寓哲理于草木虫鱼之中，寄心魄于日月星辰之上。抒忧国忧民之真情，赞民族文化之辉煌。悼师友之谊泪湿青衫，念母亲之恩五内俱焚。他的散文，喜的成分少，悲的成分多，有许多篇是和着泪写成的，感人至深。季羡林的散文被誉为20世纪90年代“老生代”散文的代表之一，受到广大读者的欢迎。他的散文魅力，将长久留存。

后　记

季羡林先生的一生是漫长的，几乎跨越了整个20世纪。

20世纪在中国数千年的历史中，无疑是一个重要的转折点。在这一百年中，我们这个古老国家由贫弱走向小康，由混乱走向统一，由任人宰割走向独立自主，发生了历史性的巨变。在这个转变过程中，充满希望、激情、梦想与信心；同时，也充满失望、迷惘、混乱与幻灭。

这是一段激情燃烧的岁月。

这是一段痛苦悲怆的历史。

季羡林先生亲历了这段历史中的绝大部分事件，并且作出了自己的选择。这是一个正直的中国文化人肩负着民族与文化的双重重任走过的一条崎岖的道路。季羡林先生一生的经历，是值得回忆的。因为它不但具有独特的人格魅力，而且带有普遍性。这正是本书写作的初衷。

在四年多的时间里，我反复阅读季羡林先生的24卷《季羡林文集》，以及1992年《季羡林文集》出版后的作品，竭尽全力搜集有关资料，采访一切能找到的知情人，力图使书稿保持真实。

每当夜深人静时，我独自坐在电脑前敲打键盘的时候，往昔岁月的情景，便会一幕幕地浮现在眼前，常常令我心潮澎湃，热泪盈眶，喜怒哀乐，不能自已。每当我骑车去朗润园13公寓拜谒先生的时候，看见他日渐苍老的面容，步履蹒跚的身影，心中便会涌起阵阵忧思，回家后更努力地写下去。现在终于完稿，并得到先生的首肯。我心中的一块石头落了地。我想创作这本书，是我的夙愿，也是我一生中做过的、为数不多的有价值的事情之一。

促动我提笔的原因，是季羡林从一个农民的儿子成长为一代学术大师的经历。这个经历本身就非同寻常，很有吸引力，尚且还有许多富于传奇色彩的故事。但是，经过四年之后，我才明白过来，季羡林的不寻常之处恰恰就在于他的“平常”，而不是什么异常之处，或者什么“传奇色彩”。

他衣着平常，永远穿一身洗旧了的卡其布中山装，像一个“土包子”。当他身着“缊袍敝衣”，处在西装革履、油光可鉴、“烨然若神人”的一群人之中，你就会感到他那朴素衣着光芒四溢。

他说话平常，声音低沉，略显嘶哑，话语不多，永远面带微笑，像一个老农。但是，他说的句句是真话、实话。他从不会夸夸其谈，装腔作势，用假话和空话来骗人。

他写文章质朴，像在与读者谈心一样，平易近人，娓娓道来，绝无强加于人之意。但是他的每一个字都燃烧着激情，没有半点虚情假意，更不会摆出一副祖师爷的面孔来教训人，吓唬人。

他说他留学的动机，只是为“镀金”，回国后好“抢到一只饭碗”。别的冠冕堂皇的豪言壮语，他说没有，也不会说。

他一再地说，他从小“胸无大志”，至今也是“一个渺小的人”“普通的人”。并且常常为戴在他头上的一顶顶桂冠感到局促不安。

他说他爱国不敢后人，“即使把我烧成灰，我也是爱国的”。他认为，一个人不但要爱国，还要爱人类、爱生命、爱自然。这使他“人生不满百，常怀千岁忧”，内心永远充满忧患意识。

他80岁以后，就成了陶渊明的信徒：“应尽便需尽，无复独多虑。”但是他说：“人活着不是为了吃饭，而是为了工作。”他每活一天，就工作一天，为人类多作一点贡献。

他预言：“21世纪东方文化必将在世界上首领风骚。”

他对中国和世界的未来充满希望，从不悲观。他对人类和万物充满爱心，这种爱心发自内心深处，却包容整个世界和宇宙。

不知道哪位哲人曾经说过："伟大来自平凡。"这个平凡的真理，我到现在才醒悟过来，是从季羡林身上醒悟到的。他平凡，平凡到不需要任何修饰，所以才会令人感到他的伟大。他这种平凡的伟大，没有什么惊人之处，就是一个"真"字。"怀真情，讲真话。"一切真正伟大的人，都是这样的人。

那些自以为伟大的人；那些自以为掌握了宇宙真理的人；那些自命不凡、故作清高的人；那些把真理的光环戴在自己头上，却干尽蠢事的人；那些装腔作势，自以为满腹经纶，却是满腹糟糠的人；那些满嘴崇高、道德，却一点也不崇高、不道德的人。这些人，在季羡林面前，显得多么渺小啊！

季羡林被称为"中国知识分子的代表"，这是名副其实的称号。不过，我想说，他还是中国知识分子的一面旗帜和榜样。他埋头苦干，拼命硬干，为民请命，舍身求法，为发扬和推动中华文化的发展，作出了巨大的贡献。他不愧是"中国的脊梁"。

朗润园13公寓一楼东侧房间里那盏灯，每天黎明前仍然准时打开，一位老人坐在书桌前，“心事浩茫连广宇”，思考着国家民族与人类的未来，然后写下一行行的文字。他要把92年的人生经验，和对人类前途的思考，留给子孙后代，这就是他现在的唯一愿望。

祝愿季羡林先生身体健康，百寿之后，再“相期以茶”。

朗润园那盏黎明前的灯，将永远照亮每个人的心。

张光璘

2002年12月6日深夜

于北京寓所